KB121540

군
주
론

군주론

마키아벨리와 군주론
제대로 읽기

니콜로 마키아벨리 지음
쌔라 강 옮김
박홍규 해제

인물과
사상사

차 례

제1부 해제

마키아벨리의 민주공화국

마키아벨리의
민주공화국

민중의 자유와 자치를 위해

우리 헌법 제1조의 '민주공화국'이라는 말은 사용하는 자에 의해 멋대로 사용된다고 해도 과언이 아니다. '민주주의'라는 말도 마찬가지다. 오래전부터 우리의 말은 왜곡되었다. 제멋대로, 편한 대로, 제 이익을 위해 왜곡되었다. 말이 갖는 최소한의 공적 기능도 없어졌다. 공公이 사私가 되고 사가 공이 되었다. 공과 사는 혼동되었다. 공익은 사익으로, 사익은 공익으로 왜곡되었다. 국정은 몇 명의 사적 이익을 위해 농단되었다.

그래도, 아무리 그래도, 흔히들 사악한 권모술수의 군주독재를 주장했다고 보는 마키아벨리가 민주공화국을 주장했다고 하면 "그건 아니지, 정말 아니지"라고 손사래를 칠 사람이 많을지 모르겠다. 그러나 나는 이 글에서 그렇게 주장하고자 한다. 약 500년 전 이탈리아 사람이었던 마키아벨리가 지금 이 땅에 살아 있다면 촛불집회에서 분명히 민주공화국을 외쳤으리라 확신한다. 그 누구의 주장보다도 뛰어나고 앞서가는 최첨단의 민주공화국을 주장했으리라고 확신한다. 삼권분립이니 하는 교과서에만 나오는 창백한 제도가 아니라, 국민이 주인이라는 민주주의를 기본으로 하여 모두 함께 어울려 사는 민주공화국을 주장했으리라고 확신한다. 공사를 혼동하지 않고, 사익이 아니라 공익을 위한 민주공화국의 민주지도자를 대망했다고 주장한다. 그것도 약 500년 전 피렌체 광장에서 말이다.

그렇게 생각하는 이유는 마키아벨리가 정치에서 가장 중요한 것은 공을 죽이고 사를 살리는 독재자의 출현을 막고 모두 함께 공공의 자유와 자치를 지키는 제도적 장치라고 주장했기 때문이다. 1987년 우리는 대통령 직선제 개헌만 하면 독재자가 없어진다고 생각했지만, 그것이야말로 독재자가 출현할 수 있는 내재적 위험을 안고 있음이 드러났다. 따라서 어떤 사람이 무슨 이유로든 대중적 인기나 선동을 통해 독재자가 되는 것을 막기 위한 제도적 장치는 반드시 필요하다. 마키아벨리는 이미 500년 전에 그렇게 주장했다. 그가 지금 민중의 민주적 정치참여를 보장하는 제도는커녕, 지배집단과 피지배집단 사이의 견제와 균형을 도모하기 위한 제도는커녕, 지배집단 사이의 삼권분립은커녕, 권력이 대통령에게 오로지 집중되어 있는 우리 헌법과 현실을 본다면, 독재를 방지하기 위해 제대로 된 제도적 장치라고 평가하지 않을 것이다.

법적 제도만이 아니다. 사회적 제도도 필요하다. 부나 명예 같은 출세 능력이 뛰어난 인물이 아니라 정책을 만들고 실천하는 민주적 지도자를 선출할 수 있는 사회적 양식의 제도화도 필요하다. 그러나 우리는 여전히 고시 합격자나 부자 따위의 사회적 바보들을 출세의 지도자라고 뽑아왔다. 그러니 마키아벨리는 민주공화국에 반하는 독재자가 부활한 것이 지극히 당연했다고 말할 것이다. 우리 모두가 공익을 위해 사익을 희생하지는 않아도 절제하는 민주적 공민의 자질을 갖추어야 한다. 그러지 못하고 모두가 사익 추구에 급급하다면 우리는 여전히 그런 독재적 지도자밖에 갖지 못할 것이다. 우리의 자질이 곧 지도자의 자질이다. 우리의 수준이 곧 지도자의 수준이다.

약 500년 전의 마키아벨리는 민주공화국의 핵심 가치인 '민중의 자유와 자치'를 지키기 위해 비록 민중에 의해 선출된 대표라고 해도 그 권력의 행사를 민중이 늘 감시하면서 견제해야 하고, 민중이 뽑은 대표의 심의에 민중이 직접 참여하여 최대한 자치의 폭을 넓혀야 한다고 주장했다. 또한 심의를 할 수 있는 의회만이 아니라 대표와 그 수하 관료들을 문책하고 민중에게 의사를 물을 수 있는 고발과 기소제도까지 인정되어야 한다고 주장했다. 따라서 그에게 민중의 정치 참여인 '자치에 의한 자유의 수호'는 민주공화국의 핵심적인 절차고 가치다. 물론 그러한 절차와 가치만으로 충분하지 않다. 그것을 충실하게 반영하는 지도자가 반드시 필요하다. 오로지 독재에만 유능한 독재자가 아닌, 민주공화국을 창조하는 유능한 민주적 지도자가 필요하다. 특히 서로 대립하는 집단, 계층, 계급 사이의 갈등을 화해시키고 통합할 수 있는 민주공화적 능력을 갖춘 신중한 지도자가 필요하다.

이를 통하여 다른 나라는 물론 어떤 사람의 권력 행사에도 종속되지 않는 민중 모두의 자유를 위해 항상 싸우는 나라가 민주공화국이라고 마키아벨리는 주장했다. 밖으로는 명백히 독립을 유지하고, 안으로는 누구의 자의에도 종속되지 않는 조건을 민중 모두가 향유하는, 무엇의 지배도 받지 않는 자유와 자치의 나라를 민주공화국이라고 했다. 한 사람이나 몇 사람이 통치하는 것이 아니라 자유로운 민중 모두가 자치하는 나라가 민주공화국이라는 것이다.

한국은 민주공화국인가?

마키아벨리에 의하면, 인간 사회에 언제 어디에서나 갈등이 존재하는 것을 부정적으로 보아서는 안 된다. 전체의 이익이나 종교 교리나 추상적 도덕성을 앞세워 오로지 하나의 주장만을 절대시하고 갈등을 부정적인 것이라고 몰아세워서도 안 된다. 갈등의 부정적 결과를 민중의 자유가 남용된 방종 탓이라고 본 플라톤 이후 2,500년 이상 계속된 반민주적 주장은 부당하고, 도리어 그 부정적 결과의 원인은 지배집단 탓으로 보아야 한다. 따라서 마키아벨리는 아테네에서 행해진 추첨 민주정 같은 직접 민주주의는 아니라고 해도, 로마 공화정에서 민중을 위해 인정된 호민관의 거부권과 같은 정도의, 최소한의 민중에 의한 정치 개입의 법제도는 당연히 그가 살았던 르네상스 시대에도 인정되어야 한다고 주장했다. 마키아벨리는 바로 그런 민주공화국을 주장했다. 그야말로 그 후 500년 이상이 지난 지금 이 시대 우리 땅에서 주장된다고 해도 가장 진보적인 것이라고 평가되어야 할 것이고, 동시에 독재를 찬양하는 측으로서는 가장 극렬하게 비판할 만한 주장이 아닌가?

지금까지 마키아벨리는 민주정도, 귀족정도, 왕정도 아닌 그 셋의 혼합정을 이상적인 정체政體로 주장했다고 여겨졌으나, 사실 그는 어떤 특정 정체를 주장한 것이 아니라, 민중에 의한 무한히 가변적인 정체 창조의 가능성을 주장했다. 그러니 민주공화국이라는 말도 그 내용은 고정된 것으로 확정될 수 없다. 즉, 중요한 것은 민중이 자유를 지키기 위해 자치를 한다는 것이고, 그것을 최대화하기 위해 역사적 현실에 맞는 정체를 추구하는 것으로 충분하다는 것이다. 따라서 특정한 이상적 정체를 정하는 것이 중요한 것이 아니라, 그 원리의 가치인 자유와 자치를 추구하는 것이 중요하다. 물론 마키아벨리는 지도자가 필요 없다고 주장하기는커녕 필요하다고 주장했지만 그것은 어디까지나 민주적 지도자였다.

그런 마키아벨리의 가치관에 비추어볼 때 지금 우리는 그가 주장한 민주공화국을 하고 있다고 할 수 있는가? 가령 전시작전권을 외국군에 주고 외국군이 주둔하고 있는 우리나라가 과연 마키아벨리가 말하는 타국의 지배에서 자유로운 민주공화국이라고 할 수 있는가? 자유주의적인 삼권분립조차 의심되는 상황에서 민중이 권력자의 절대적인 자의적 의지에 종속되어 있다면 과연 민주공화국이라고 할 수 있는가? 민중이 정당한 헌법상의 인권인 집회와 시위의 자유의 행사인 촛불집회 등으로 자신의 의사표현을 하는 것이 국정에 반영되기는커녕 합법적 인권 행위로 인정되기라도 하고 있는가? 기타 인권이 최소한의 자유 보장 차원에서 제대로 인정되고 있는가? 그런 의문 때문에 역설적으로 민주공화국이라는 헌법 제1조를 이렇게도 절실히 외치고 있는 것은 아닐까?

지금도 그러하니 약 500년 전 가톨릭이 모든 가치를 지배하고 강력한 세습 군주들이 권력을 농단하며 외국의 침략에 항상 시달린 시대에 마키아벨리가 민주공화국을 주장한 것은 참으로 위험하지만 참으로 위대한, 그리고 완전히 새로운 것이라고 하지 않을 수 없다. 그래서 스스로도 이를 '전인미답前人未踏'의 것이라고 했다. 그런데 500년이 지난 지금, 마키아벨리가 민주공화국을 주장했다고 내가 주장하는 것도 '전인미답'이라고 할 정도로 우리의 마키아벨리에 대한 오해의 정도가 극심하다. 최근 마키아벨리를 공화주의 차원에서 재해석하는 등 국내외에서 다양한 해석이 나오고 있지만, 혁명적인 민주공화국을 주장한 사람으로 보는 것은 찾아보기 어렵다.

무엇보다도 나는 지난 500년 인류사 최대의 미스터리라고 할 만한 사건인, 최고의 혁명적 민주공화국의 주창자가 최저의 반혁명적인 반민주 독재의 주창자로 오해된 마키아벨리 미스터리를 제대로 풀어 우리도 이제는 제대로 된 혁명적 민주공화국을 만들기를 바라는 마음으로 이 글을 쓴다. 그 미스터리는 어쩌면 혁명적 민주공화국을 파괴하기 위한 최대의 음모였는지도 모른다. 그리고 그런 음모는 여전히 현재진행형인지도 모른다. 학자들이나 정치인들이 여전히 마키아벨리를 반민주의 악마라고 속삭이면서 마키아벨리즘이라는 말을 만들어 모든 정치적 사악의 근원으로 왜곡하고 있기 때문이다.

민주공화국을 제대로 만들기란 그리 쉬운 일이 아님은 분명한 사실이다. 제왕적 대통령을 민주적 대통령으로 뽑는 법제도적 장치의 개혁만으로 충분하지 않다. 출세한 수재나 부자를 무조건 숭배하여 대통령 따위로 뽑고 모든 것을 일임하는 것이 아니라, 민주주의를 지킬 수 있는 민주적 지도자를 뽑고, 그 실천을 끊임없이 감시하고 통제하는 사회적 양식의 촛불을 영원히 끄지 않는 의식의 제도화가 필요하다.

『군주론』에 투영된 시민적 군주를 향한 꿈

『군주론』에 대해서는 지금까지 여러 가지 견해가 있었다. 마키아벨리가 피렌체에 절망하여 메디치 군주제를 유일한 대안으로 생각하고 또 메디치가의 환심을 사기 위해 군주주의자로 썼다고 보는 견해, 또는『리비우스 강연』의 공화정으로 가는 준비 단계로 군주정을 옹호한『군주론』을 썼다는 견해(셸던 월린), 또는 군주의 사악한 통치술을 폭로하기 위해 쓴 책이라고 보는 견해(장 자크 루소) 등이다. 그러나 그 어느 것도 만족스럽지 못하다. 나는 마키아벨리가 일관하여 군주

국이 아니라 공화국을 옹호했고, 이는 두 책 모두에 일관되어 있다고
본다.

마키아벨리 시대는 정치적 위기의 시대였다. 외국의 침입으로 이
탈리아 정치 조직의 허약성이 폭로되었으며, 인간의 가능성에 대한
종래의 신뢰 또한 서서히 무너졌다. 인문학은 천박한 관념의 유희로
전락해 궁정인이 되기 위한 출세 요건 정도로 대접받게 되었다. 마키
아벨리가 살던 16세기 르네상스는 그렇게 저물어갔다. 마키아벨리
는 그 시대를 다음과 같이 묘사했다.

> 이탈리아는 히브리인들보다 더 비참한 노예가 되고 페르시아인
> 들보다 더 억압받으며 아테네인들보다 더 분산되어 흩어져야 한다.
> 지도자도 질서도 없이 두들겨 맞고 약탈당하고 찢기며 침략당하는
> 온갖 수모를 견뎌야만 한다.
>
> (『군주론』 제26장)

그런 극단적 현실 분석으로 마키아벨리는 새로운 시민적 군주를
열망하는 『군주론』을 쓴 것이다. 분단 극복은 침략 국가에 대항하는
투쟁을 통해 가능한데, 민중의 투쟁력은 충분하나 이를 뭉쳐낼 지도
자가 없다는 것이 그의 현실 인식이었다.

『군주론』은 26개의 장으로 이루어져 있다. 마키아벨리는 제1장에
서 제11장까지 전제정이나 세습정을 비롯한 군주국의 여러 현실 유
형을 설명한다. 그러나 마키아벨리의 목표는 그런 낡고 시대에 뒤떨

어진 유형이 아닌 새로운 군주국의 필요성을 역설하는 것이었다. 물론 그것은 이탈리아를 분열시키고 통일을 방해해온 교회 국가나 도시 공화국을 가리키는 것이 아니라 무력을 갖춘 강력한 나라다. 그에 의하면 무장한 예언가들은 승리했고 무장하지 않은 예언가들은 멸망했다. 그 이유로 마키아벨리는 인간 본성의 변덕을 들고, 사람들이 더는 믿으려 하지 않을 경우 그들을 힘으로 믿게 만들 수 있는 방식의 체제를 갖추는 일이 필요하다고 주장한다(『군주론』 제6장).

새로운 시민형 군주국에 대한 설명은 제12장에서 제23장까지 나온다. 시민적 군주가 이끄는 국가는 민중 속에 뿌리내린 시민 국가로서 군대로 대표되는 강제 장치, 종교나 명성을 통한 동의同意 장치, 계급투쟁의 결과이자 제도인 정치·사법 장치로 구성된다. 그중 가장 중요한 것은 법과 군대다. 여기서 군대란 외국군이나 용병이 아닌 순수 자국군, 즉 시민군이어야 한다고 주장한다.

마키아벨리가 말하는 군주란 사적 개인이 아니라 정치적 개인이다. 따라서 종교나 도덕과는 전혀 다른 차원의 목표, 즉 역사적 목표인 국가 창건과 공고성鞏固性을 추구해야 한다. 다시 말해 마키아벨리가 주장하는 것은 개인적 비도덕이 아닌 정치적 비도덕이다. 시민적 군주는 법에 의거하되 법이 무능하면 강제력을 사용할 줄 알아야 한다는 주장이다.

강제는 사자와 여우의 비유로 설명된다(『군주론』 제18장). 덫을 알기 위해서는 교활한 여우가 되어야 하고, 늑대를 쫓아버리기 위해서는 사나운 사자가 되어야 한다. 여우는 기만, 즉 간계와 속임수를 뜻한다. 기만은 강제와 법을 사용하는 방법이다. 군대에 대입하면 전략이고 법에 대입하면 정치술이 된다. 그러나 이는 무법이나 불법과는 다르다. 법을 갖고 술책을 부리기 위해서는 무엇보다 법이 존재하고 승인되어야 하며 무시될 수 없는 것이어야 하기 때문이다. 여기서 군주는 다시금 민중적인 기반에 주목해야 한다. 이는 당대의 현실에서 볼 때 군주란 민중의 편에 서서 귀족에 저항해야 한다는 뜻이기도 하다.

또 『군주론』에서 마키아벨리는 의지를 긍정하면서도 운(II, Virtu)도 긍정한다. 운은 여자이고 따라서 그녀를 자신의 통제하에 두고자 한다면 때려서라도 억지로 붙잡아둘 필요가 있다고 한다(『군주론』 제25장). 이는 오늘의 페미니스트가 보기에 여성차별적인 발언이겠지만 약 500년 전의 발언이라는 점에서 양해할 필요가 있다. 마키아벨리는 1506년에 쓴 편지에서 운명에 의해 인간의 행위가 지배되었다고 본 점에 비해 더욱더 기독교에서 말하는 신의 섭리나 예정조화설을 부정했지만, 그렇다고 해서 운명을 완전히 부정하지는 않았다.

마키아벨리는 가난하나 덕이 높은 중세식의 금욕적 유토피아 국가를 부정한다. 에라스뮈스의 관용에 근거한 이상주의적 정치사상 같은 것은 마키아벨리에게 휴지 조각보다 못한 것이다. 그러나 마키아벨리가 그렇게도 열망한 강력한 시민적 군주를 통한 이탈리아 통일은 『군주론』이 출간되고 약 350년이 지난 1861년에야 가능했다.

마키아벨리의 다원적인 사고방식

『군주론』의 원리는 추상적인 일반론을 경계하고 모든 문제를 각 경우의 특징에 따라 개별적·구체적으로 검토하는 것이다. 가령 이 책의 제2장 이후에서 군주를 세습 군주, 자력으로 나라를 손에 넣은 군주, 타인과 운명의 힘으로 나라를 손에 넣은 군주, 시민적 군주, 교회 국가 군주, 복합형 국가 군주로 나누어 각각을 둘러싼 상황과의 관계에 따라 설명한다. 이는 마키아벨리가 언제나 개별적·구체적·상황적으로 사고했음을 보여준다. 『군주론』 제9장에서 군주가 민중을 대하는 태도에 대해 설명하면서도 그것은 민중에 따라 달라지기 때문에 어떤 확실한 법칙을 말할 수 없으므로, 그 문제는 생략하기로 한 것도 마찬가지다.

『군주론』 제16장에서 군주를 여러 유형으로 나누어 설명하는 것도 마찬가지다. 또한 『군주론』 제19장에서 로마의 여러 황제에 대해서 설명하면서 황제란 어떤 운명을 겪는가 하는 일반론이 아니라, 황제가 된 과정과 기질과 운의 차이에 따라 각각의 특징과 상호 차이를 설명한 것도 마찬가지다. 즉, 다원론적이고 기능론적인 사고다.

마찬가지로 『군주론』 제20장에서 성채에 대해 설명하면서도 성채는 정치적·군사적 상황에 따라 유용할 수도 있고 그렇지 않을 수도 있고, 어떤 상황에서 도움이 된다면 다른 상황에서는 유해할 수도 있다고 하여, 시대와 국면에 따른 특수 사정을 고려할 필요가 있다고 보았다.

현실의 다양성을 의식하면서 리얼하게 사고하는 자는 구체적인 경우에 따라 개별적으로 검토해야 한다. 마키아벨리는 그러한 사고에 철저한 사람으로서『군주론』을 썼다. 그러므로 일반론적 사고방식으로『군주론』을 읽게 되면 엄청난 오해를 초래한다. 지금까지의 오해란 것이 대부분 그런 것이었다.

　　일반론은 관념론에 빠지기 쉽다. 마키아벨리도 그것을 무엇보다 경계했지만, 결국 그 자신도 희생되었음은 참으로 유감스럽고 안타까운 일이다. 흔히 일반론이나 관념론은 유교 등 동양의 사고방식이라고 말하지만 사실은 서양의 기독교적 사고방식에서도 볼 수 있다. 즉, 종교적 도그마를 비롯한 절대주의적 사고가 언제나 빠지기 쉬운 사고방식이다.

　　르네상스는 그런 사고방식에 대한 도전에서 비롯되었지만 17세기 이후 과학만능주의, 물질주의, 자본주의 등의 대두에 의해 다시 일반론과 관념론이라는 추상적 사고에 빠져버렸다. 우리가 마키아벨리를 비롯한 르네상스 사상가들에게 배울 점이 있다면 바로 그러한 일반론과 관념론의 도그마를 벗어나 구체적·다원적·기능적으로 사고한다는 것이다. 그것이 리얼리즘이라는 의미의 현실주의다. 현실주의를 이상에 구애받지 않고 오로지 현실만을 중시하는 주의라고 오해하면 안 된다. 이상이 아니라 전통이나 제도, 추상이나 도그마에 사로잡히지 않는 것이 참된 현실주의고 리얼리즘이다.

　　이는 종교에 대한 마키아벨리의 사고방식에서도 잘 드러난다. 마키아벨리가 살았던 르네상스 시기는 물론 그 직전의 중세까지 서양

사회는 기독교, 특히 로마 가톨릭의 절대적 영향 아래 있었다. 그러나 당시 마키아벨리가 살았던 피렌체는 도리어 로마 가톨릭 때문에 위기에 처했다. 마키아벨리는 그 위기의 현실을 당대의 누구보다도 철저히 인식했다. 그래서 로마 가톨릭의 정치적 부정을 비판하고 그 영향력을 정상화하고자 했다. 이를 위해 그는 기독교만이 아닌 인류의 모든 종교에 대해 연구했다. 앞에서 말한 다원적 사고란 바로 세계적 사고를 말한다. 이는 세계의 모든 특수한 종교를 각각 개별적으로 연구하는 것을 뜻하지만 그 각각에서 하나의 원리를 찾아낸다는 점에서 또한 보편적인 것이기도 하다.

중세적인, 초월적인 사고에 대한 마키아벨리의 비판은 명확하지 않다. 하지만 『군주론』 제11장에서 '교회 군주국'은 사람의 생각이 닿지 않는 어떤 초월적인 동인에 의해 지지되고 있기 때문에 그것에 대한 토론을 삼가려 한다고 말할 때, 마키아벨리가 그것을 비판적으로 보았음을 알 수 있다.

또 마키아벨리는 구체적으로 사고했다. 이는 가령 하늘이 맑았다가 흐려지듯이 지상의 모든 것은 유동적으로 변한다고 보고, 모든 사물과 현상을 그것을 둘러싼 상황의 변화 속에서 동태적으로 사고하는 것임을 뜻한다. 즉, 사물을 고정적이거나 불변적이거나 정태적인 것으로 보지 않는 것이다. 따라서 변화에 따라 생각하는 유연한 동태론적이고 기능론적인 사고방식이 중요하다. 즉, 『군주론』 제8장과 제18장과 제25장에서 각각 말하는 다음과 같은 것들이다.

나는 이 가혹한 처사가 나쁘게 또는 올바르게 사용되었느냐 하는 심각성에 따라 차이가 난다고 생각한다. 악에 속한 것에 좋게란 말을 사용할 수 있다면, 올바르게 사용되었다고 불릴 만한 것은 한 번의 공격에 쓰이고, 개인의 안전을 위해 필요하며, 그 이후에는 국민에게 유익한 조치가 될 수 있는 경우다.

『군주론』 제8장)

자비롭고, 신의가 있고, 인간적이고, 신앙심이 있으며, 정직하게 보여야 한다. 그러나 그것이 필요 없고 더 나아가 그렇게 하지 않는 것이 요구되는 상황이라면, 반대로 변할 준비가 항상 되어 있어야 한다.

『군주론』 제18장)

오늘날 번영을 누리는 군주도 성향이나 기질의 변화를 보이지 않는데도 다음날에 몰락하는 것을 보게 된다. 나는 이러한 변화의 원인은 이미 앞에서 논의한 이유로 발생한다고 확신한다. 즉, 전적으로 운명에 의존하는 군주는 운명이 변하면 몰락하고 만다는 것이다. 또한 시대정신에 입각한 행동을 하는 군주는 번영할 것이고, 시류에 반하여 행동을 하는 군주는 실패할 것이라 믿는다.

『군주론』 제25장)

이는 자신의 행동의 의미를 객관적인 상황 변화나 운동과 관련해 생각해야 한다는 주장으로 이어진다. 이러한 시각에서 마키아벨리는 공화국이야말로 상황의 변화에 정치가 기민하게 대응할 수 있으므로 군주국보다 우수하다고 본다. 즉, 공화국에서는 복수의 지도자가 후보자로 경쟁하고, 상황 변화에 따라 정권이 바뀌어 더욱 적합한 인물이 지도자가 될 수 있기 때문이다.

이처럼 마키아벨리가 사물과 상태를 끝없이 다른 것으로 변화하는 것으로 본다는 것은 그것을 고정적으로 보지 않는다는 것이고, 그 변화는 사물 그 자체의 발달이 사물 자체의 부정을 초래한다는 변증법적 운동에 의해 생긴다고 본다는 것을 뜻한다. 이는 자신과 적의 관계에 대한 인식에서도 나타난다고 마키아벨리는 보았다.

일면화나 고정화를 피하고 상황에 따라 끝없이 변하면서 가장 타당한 결과를 낳고자 하는 다원적 사고에 반드시 필요한 능력이 균형 감각이다. 그래서 마키아벨리는『군주론』제18장에서 군주가 행동할 때에는 신중함과 관대함을 갖추는 절제된 방식을 취함으로써 지나친 믿음 때문에 경솔해지거나 지나친 경계심 때문에 견디기 어려운 존재가 되어서도 안 된다고 경고한다. 가령 영토 확대나 군대를 과도하게 강화하면 독재자나 군부 지배를 낳게 된다. 전쟁에서 공을 세운 자가 영향력을 증대하는 것을 과도하게 경계하면 반란을 야기한다. 왕정에서는 영토 확장만이 문제되지만 공화정에서는 자유 확대도 문제된다. 그 경우 영토 확대의 욕망은 나라의 강력한 통합을 요구하지만, 자유 확대는 분산화와 무질서와 빈부 대립을 낳는다. 따라서 공화국의 리더는 그 둘 사이에서 균형 감각을 가져야 한다.

균형 감각은 운명론과도 관련된다. 마키아벨리는 운명에 기민하게 대응하여 그 변화를 예견하고 대비하라고 하면서 사고의 유연성을 강조한다. 반면 운명은 인간의 능력 밖의 문제이므로 지력과 용기 (결단력)로 그것에 도전해야 한다고 본다.

종래 마키아벨리가 고대 이래의 전통적인 도덕적 정치관을 파괴하고 정치를 종교와 도덕에서 분리하여 리얼하게 보았다는 점이 강조되어왔고 이를 근거로 그를 '정치과학의 아버지'라고 했다. 그러나 앞에서 본 그의 동태론적이고 다원적인 인간론, 그리고 그의 이상주의적 측면에서 볼 때 그러한 종래의 견해에 의문을 갖지 않을 수 없다.

그가 정치를 리얼하게 본 것은 사실이지만 그렇다고 하여 바로 정치와 도덕을 분리했다고 볼 수는 없다. 뒤에서 보듯이 그가 인간의 선한 측면과 선하게 될 가능성을 인정한 것은 도덕을 중시했음을 뜻한다. 그가 선악이라는 양면을 고려한 것도 도덕적인 사고방식이다. 따라서 그가 도덕을 정치에서 분리한 것이 아니라 도덕을 정치에서 중시한 균형적 사고를 했다고 보는 것이 옳다.

마키아벨리는 그가 살았던 시대에 조국인 이탈리아가 갈가리 찢긴 분단 국가였고, 따라서 이미 통일되어 언제나 이탈리아를 침략한 프랑스나 스페인 같은 강대국처럼 강력한 통일국가를 이루고자 희망했다. 그러면서도 그는 당시의 프랑스나 스페인 같은 군주국이 아니라 민주공화국을 세우고자 했다. 이를 부정하는 견해는 찾아보기 어려우니 이에 관한 나의 주장도 특별한 것은 아니다.

그런데 그런 공화국을 세우기 위해서 수단 방법을 가리지 말아야 한다고 마키아벨리가 말했다는 데 문제가 있다. 물론 마키아벨리가 그런 말을 한 적은 있지만 이는 어디까지나 예외적으로 그래야 한다고 한 것임을 나는 강조한다. 즉, 그는 정치란 전통에서 강조된 대로 도덕적으로 하는 것이되 그렇게 할 수 없을 때에는 예외적으로 비도덕적인 수단을 강구할 필요도 있다고 말한 것이다. 따라서 그는 종래의 도덕과 정치의 통일을 부정하고 그 분리를 주장했다고 하는 의미에서 정치학의 아버지라고 평가하는 것에는 문제가 있다. 도리어 그는 그리스 로마 이래의 도덕 정치라는 전통을 이었다. 그런 의미에서 그는 분명히 도덕적인 사람이었음을 강조하고 싶다.

이처럼 도덕 정치라는 전통에 입각하되 전통과는 달리 도덕의 예외도 정치에서 인정한다는 점에서 그는 르네상스 사람이었다. 왜냐하면 르네상스인은 단순히 전통적 가치만을 존중하기만 한 것이 아니라 그것을 존중한다는 원칙 아래 현실에 대한 관찰에 입각하여 동태적이고 다원적인 판단을 했기 때문이다. 즉, 르네상스인은 중세 가톨릭의 정태적이고 일원적인 입장에서 벗어나 휴머니즘의 동태성과 다원성에 입각해 사고했다. 이런 점에서 마키아벨리는 대부분의 르네상스 지식인이나 예술가와 마찬가지였다. 그리고 그와 같은 입장은 그 뒤로도 이어져 미국 독립운동을 비롯한 여러 공화주의 운동에 영향을 미쳤다.

그러나 르네상스가 동태적이고 다원적인 사고에 입각한 것에서 알 수 있듯이, 당시에 마키아벨리와 같은 사상가만 있었던 것은 아니었다. 가령 정치학 분야에서도 마키아벨리와 대조적인 사람들이 있었다. 그중에는『유토피아』를 쓴 토머스 모어나『우신예찬』을 쓴 에라스뮈스 같은 학자들도 있었다. 흔히 모어는 사회주의, 에라스뮈스는 평화주의의 선구라고 하여 마키아벨리와 구별하기도 하지만 도덕과 정치라는 차원에서 보면 모어·에라스뮈스와 마키아벨리는 상대적으로만 구별된다. 즉, 모어와 에라스뮈스는 마키아벨리에 비해 정치보다 도덕을 중시했을 뿐이다. 이는 이상과 현실 중 어느 것에 중점을 두어야 하느냐는 논의와도 연관된다.

우리는 도덕과 정치 중 어느 하나만을 선택할 수 없고, 이상과 현실 중 어느 하나만을 선택할 수도 없다. 시대에 따라, 경우에 따라, 융통성 있게, 현실성 있게 어느 하나를 다른 하나보다 좀 더 강조하면서 선택할 수밖에 없다. 나는 마키아벨리가 조국의 통일과 발전을 위해 상황에 따라 선택을 하고, 그것을 다양하고 다원적으로 실천했다고 생각한다. 그리고 그런 선택과 실천은 지금 우리에게도 절실하게 필요하다고 생각한다. 왜냐하면 마키아벨리가 비판하고 도전했던 중세적 도그마와 다를 바 없는 전근대적 도그마가 지금 우리에게 여전히 도사리고 있기 때문이다. 특히 정치에서 그렇다.

마키아벨리즘은 없다

마키아벨리가 500년 전 이탈리아 피렌체에서 쓴 책들이 서양에서 많은 논란이 되어왔고 이제는 고전의 반열에 오르고 있지만, 그의 책들은 읽는 사람에 따라 얼마든지 악용될 수 있는 특이한 책들이다. 물론 그런 책은 마키아벨리의 저서에만 국한되지 않는다. 가령 니체는 마키아벨리와 같이 히틀러나 무솔리니에 의해 악용되고 곡해되었으나 니체 자체는 히틀러나 무솔리니와 무관하다는 주장도 있다. 마키아벨리도 그렇게 볼 수 있다. 그러나 반드시 그렇게 보지 못할 수도 있다. 문제는 마키아벨리나 니체 자체가 아니다. 그들의 진심이 어떻든 그것을 악용하려고 하는 권력주의 세력이 항상 존재한다는 사실이 문제다.

사람의 이름을 딴 유일한 정치 현상에 대한 고유명사인 마키아벨리즘이란 마키아벨리의 이름을 딴 것이다. 그래서 마키아벨리를 '악의 교사'니 '악마의 교사'라고도 한다. 그런 말이 나오게 한 그의『군주론』이라는 책은 언뜻 듣기에 매우 어렵고 두꺼운 책 같지만 본래 '론'이라는 말이 포함되지 않는『군주정』이라는 제목 아래 군주가 나라를 다스리는 방법에 대한 강연으로 100쪽 정도로 쓴 매우 쉽고 얇은 책이다.

500년도 더 전인 15~16세기 유럽에서 일어난 사건들을 소재로 한 책이어서 관련 역사를 모르면 이해하기 어려운 부분이 없지 않지만 그 내용은 대중적인 역사 드라마처럼 누구나 쉽게 알 수 있다. 그래서 흔히 말하는 인류의 고전 중에서도『군주정』은 가장 쉽고 얇은 책인데도 실제로 그 책을 읽은 사람은 의외로 적다. 무엇보다도 마키아벨리즘이라는 어두운 말이야말로 그 책을 멀리하게 하는 것이리

라. 그래서 덩달아 『리비우스 강연』도 마찬가지 취급을 받았다.

그 두 책에 마키아벨리즘이라는 말을 연상시키는 부분이 전혀 없는 것은 아니다. 그런 말들을 중심으로 하여 냉정한 정치가의 통치 방법이나 사업가의 관리 기술로 그 책들을 이용하는 경향도 없지 않다. 그러나 단순히 문자에만 구애되지 않고 그 책들의 역사적 배경이나 취지나 목적을 알고 읽으면, 정작 마키아벨리 자신은 그런 마키아벨리즘과 무관하고, 사악하지도 않았으며, 사악한 주의를 가르치지도 않았다고 볼 수 있다. 도리어 그의 진심은 이탈리아를 사랑하고 군주국이 아닌 민주공화국을 세우고자 한 것이었으며 무엇보다도 그는 당위가 아닌 존재로서 근대 정치학이나 사회과학을 수립한 선구자라는 평가도 받고 있다.

물론 그런 사람들만 있는 것은 아니다. 가령 마르크스는 마키아벨리를 비판했다. 또 네오콘의 선구자인 레오 스트라우스가 마키아벨리를 비판한 방대한 책도 우리말로 번역되어 있고 그 유사한 책들도 번역된 것을 보면 우리나라에도 마키아벨리를 비판적으로 보는 학자들이 있는 것 같다. 과연 마키아벨리는 옳았는데 그를 오해해서 마키아벨리즘이 만들어졌는지를 따져보려는 것이 이 책을 쓴 목적이다. 이를 위해서는 무엇보다도 먼저 마키아벨리의 책을 열심히 읽어야 한다. 물론 그것만으로는 부족하다. 그가 살았던 르네상스라는 시대, 이탈리아 피렌체라는 곳에 대해서도 정확하게 이해해야 한다. 이 책은 그런 이해를 돕기 위한 책이다.

그뿐만 아니라 서양의 역사, 특히 고대 로마에 대한 정확한 이해도 필요하다. 내가 『군주정』이라고 번역하는 것이 옳다고 생각하는 『군주론』은 사실 『원수정』이라고 번역됨이 옳은데 이는 그 원제가 로마 공화정의 원수정을 뜻하기 때문이다. 그리고 그 로마 공화정을 다룬 책이 『리비우스 강연』이었다. 그런데 우리나라에는 일본의 우익 보수가 쓴 로마사 이야기가 마치 로마는 황제들의 나라이고 그것만이 옳은 것인 양 역사의 왜곡을 일삼아 리비우스와 마키아벨리가 꿈꾼 민주공화국을 훼손했다. 이 책이 그런 왜곡된 세계사 인식을 교정하는 역할도 하기를 빈다.

그러나 나는 이탈리아에서 살았던 약 2,000년 전의 리비우스나 약 500년 전의 마키아벨리의 진심을 탐구하는 것 자체에 흥미를 갖는 것은 아니다. 도리어 마키아벨리즘이 지배하는 지금 우리의 현실을 바꾸기 위해 마키아벨리의 진심을 탐구하고자 했다. 그 진심이 분단된 반도인 조국의 통일과 부패한 정치, 빈익빈부익부의 개혁과 시민정치의 확립인가 아닌가 하는 것이다. 그런 조국의 현실에 대해 마키아벨리가 고민했다면 마찬가지 고민을 하는 우리로서는 그에 대해 알아볼 필요가 있고, 그것이 우리에게도 유익하다면 그에게서 배울 필요가 있다.

그런 고민을 마키아벨리즘으로 호도해서는 안 된다. 그래서 다시는 "성공한 쿠데타는 처벌할 수 없다"거나 "잘못된 일이라도 일단 저질러진 경우 취소할 수 없다"는 식의 마키아벨리즘 궤변이 이 땅에 떠돌게 해서는 안 된다. 아니 마키아벨리즘이라는 말 자체가 사라져야 한다. 악은 그냥 악일 뿐이다. 마키아벨리의 진심과 전혀 다르게 악하지 않은 그의 이름을 빌려 마키아벨리즘이라고 악을 말하는 것은 "성공한 쿠데타는 처벌할 수 없다"거나 "잘못된 일이라도 일단 저질러진 경우 취소할 수 없다"는 말보다 나쁘다.

이 글에서 강조한 민주공화국이라는 마키아벨리 사상의 핵심은 우리 시대의 가장 절실한 화두다. 다시 말한다. 우리의 모토를. '밖으로는 독립을, 안으로는 자유를!' 우리 헌법 제1조 1항에 적힌 민주공화국을 성공적으로 완성하는 것이 우리 역사의 최고 과제다. 그 과제의 수행을 위한 험난한 여정에 마키아벨리의 고뇌가 도움이 되기를 빈다. 시간이 좀 걸릴지라도 우리는 반드시 승리한다. 좀 더 낙관적으로, 좀 더 희망을 가지고 우리의 민주공화국을 가꾸어가자. 그것을 배신하는 독재 권력은 잠시 잠깐이다. 마음대로 권력을 휘두르는 한 사람이나 소수도 잠시 잠깐이다. 우리 민중은 반드시 승리한다.

제2부 군주론

니콜로 마키아벨리가
로렌초 데 메디치 대인께 올리는 글[1]

군주의 은총과 혜택을 얻고자 하는 이들은, 자신들이 지니고 있는 가장 귀중한 것이나 군주가 받음으로써 즐거워할 것들을 가지고 그를 접견하는 것을 관습처럼 여겼습니다. 말, 무기, 금으로 된 물품과 보석 또는 군주의 위엄을 나타내는 장신구 등이 선물의 대상이 되는 것은 누구나 알고 있는 일입니다. 저 또한 대인을 만나 뵙고 대인에 대한 충성심의 표시로 무엇인가 드리기를 원합니다. 허나 저에게는 특별히 값으로 따져 귀중한 것이 없습니다. 가진 것이라곤 그저

---

1) 『군주론』은 니콜로 마키아벨리Niccolo Machiavelli(1469~1527)의 저서로 1532년에 출간되었으며 근대 정치학의 초석이 되었다. 이 헌정사는 본문보다 나중에 작성되었다. 원래 이 글은 로렌초의 숙부인 줄리아노 데 메디치Giuliano de' Medici(1479~1516)에게 바치려고 했다. 그러나 그가 중부 이탈리아 지방에 새로운 국가를 세우는 데 실패하자, 피렌체를 통치하는 메디치 가문의 일원이자 '위대한 로렌초Il Magnifico'의 손자인 로렌초 디 피에로 데 메디치 Lorenzo di Piero de' Medici에게 바치게 된다.

최근에 일어난 여러 가지 사건에 대한 오랜 경험과 고대에 관한 끊임없는 연구를 통하여 터득한 위대한 인간의 행적에 관한 지식뿐입니다. 그러므로 장구한 노력의 결과물을 이 작은 책으로 정리하여 대인께 올립니다.

이 책이 대인께서 기뻐 받으시는 선물이 될지는 알 수 없지만 오랫동안 많은 노고와 위험을 무릅쓰고 제가 연구한 것을 대인께서 단번에 알아보실 수 있게 집약했습니다. 너그러운 대인께서 제가 바칠 수 있는 최대의 선물이라 생각하시고 기쁘게 받아주시기를 바랄 뿐입니다. 이 책에서 저는 대부분의 저자들이 흔히 사용하는 거북한 운율, 과장된 미사여구, 비유나 장식 등을 일체 사용치 않았습니다.

이 책이 새롭게 다룬 소재와 내용의 중대성이 강조되기만을 원할 뿐, 그 외의 어떤 특색으로도 이 작품을 장식하고 싶지 않았기 때문입니다. 또한 사회적 신분이 낮은 자가 무례하게 군주의 정치를 논하고 향방을 제시하는 것이 신분을 망각한 짓이라고 여겨지지 않기를 바랍니다. 예를 들어 풍경을 그리는 화가들이 산이나 들의 모습을 그릴 때는 평지에서 올려다보아야 하고 그와 반대로 낮은 곳을 그릴 때는 산 위에서 내려다보아야 하는 것처럼, 민중을 알자면 군주의 입장이 될 필요가 있고, 군주를 알기 위해서는 민중의 입장이 될 필요가 있습니다.

그러므로 대인께서 저의 마음을 이해하시고 이 작은 선물을 받아주시기를 간절히 바랍니다. 대인께서 이 책을 소중히 여기고 읽어주신다면, 대인께서 지니신 탁월한 자질과 운명이 대인께 길을 열어주어 위대한 자리에 오르시게 될 것을 믿어 의심치 않습니다. 이것이 바로 제가 가장 바라는 바이자 소망입니다. 동시에 대인께서 그 높은 곳에 계시면서 언제가 여기 이 낮은 곳에 눈을 돌리신다면, 제가 얼마나 크고 부당한 학대를 계속해서 받고 있는지를 아시게 될 것입니다.

군주국의 종류와
그 형성 과정

인간을 지배했거나 또는 지배하고 있는 모든 국가나 통치 체제는 공화국共和國 아니면 군주국君主國이다. 군주국은 지배자의 가문으로 오랜 시일에 걸쳐 세워진 세습世襲 군주국이거나, 새로이 수립된 신생新生 군주국이다.

신생 군주국은 프란체스코 스포르차[2]가 통치하기 시작한 밀라노와 같이 전적으로 새로운 군주국이거나, 스페인의 왕[3]이 통치하고 있는 나폴리 왕국처럼 원래의 세습 군주국의 군주에게 정복당하여 새로 합병된 군주국이다.

---

2) 프란체스코 스포르차Francesco Sforza(1401~1466)는 이탈리아의 용병대장으로 명성을 떨쳤고, 1450년 2월 26일에 밀라노 의회의 결정으로 밀라노 공작으로 밀라노에 입성했다.
3) 아라곤 왕 페르난도 2세Fernando II(1452~1516)를 말한다. 1469년에 훗날 카스티야 왕국의 여왕이 되는 이사벨과 결혼했고, 1479년 아라곤 왕위를 계승했다. 권모술수에 능해서 당시에는 그에게 비길 자가 없었다. 아라곤 왕으로서는 페르난도 2세, 나폴리를 지배했을 때는

이렇게 획득된 영토 중에는 주민들이 군주제도에 길들여지거나 자치생활에 익숙한 곳이 있다. 이러한 영토는 군주가 자신의 무력을 이용하거나 타인의 무력을 이용하여 획득한다. 이는 군주의 운에 따른 결과일 때도 있고, 그의 능력 여하에 따라 좌우되기도 한다.

페르난도 3세, 카스티야에서는 페르난도 5세로 불렸다. 아내 이사벨 여왕과 함께 '가톨릭왕Il Catolico'이라는 별명으로 불렸다.

02

세습 군주국

    공화국에 대해서는 다른 곳에서 이미 길게 설명[4]했기 때문에 생략하기로 하고, 여기에서는 오직 군주국에 대해서만 다루도록 하겠다. 이에 나는 앞에서 제시한 순서를 따라 군주국이 어떻게 통치되고 유지되는지에 대해 논의할 것이다.

    세습 군주국hereditary principality을 유지하는 것이, 신생 군주국을 유지하는 것보다 어려움이 적다고 말할 수 있다. 주민들이 군주의 가문에 오랜 기간 익숙해져 있기 때문이다. 선조들의 관습을 변개하지 않고, 문제가 발생했을 때 분별 있게 대처하기만 해도 충분하다. 특별히 대단하고 초강력적인 세력에 의해 빼앗기지 않는 한, 평균 전력을

---

4) 『군주론』보다 앞서 저술한 『리비우스 강연Discorsi sopra la prima deca di Tito Livio』 제1권 1~18장에서 이 문제를 다루고 있다. 『리비우스 강연』은 『로마사 논고』나 『정략론』으로도 알려져 있다.

갖춘 군주라면 자신의 국가를 지킬 수 있다. 만약 권좌를 빼앗기게 되더라도, 강탈 세력에게 어떠한 불운이 닥치게 되면 군주는 자신의 국가를 다시 찾을 수 있을 것이다.

이탈리아의 사례를 들어보자. 페라라 공작[5]이 자신의 영토에서 오랜 기간 확고하게 자리 잡고 있지 않았더라면, 1484년 베네치아의 공격이나 1510년 율리우스 교황의 공격을 견디지 못했을 것이다. 세습 군주는 민중의 기분을 상하게 할 만한 이유도 필요성도 적다. 따라서 군주는 더 많은 존경을 받을 것이다. 상식 밖의 비행으로 미움을 사지만 않는다면, 그의 신하들이 자연스럽게 그에게 호감을 갖게 될 것이라는 기대는 당연하다. 그의 통치가 오랫동안 유지되면 민중은 혁신하고자 하는 생각도 동기도 갖지 않게 된다. 이는 하나의 변화가 항상 또 다른 변화를 초래하기 때문이다.

---

5) 당대 페라라를 다스리던 에스테가家의 군주들을 말한다. 1484년에는 에르콜레 1세Ercole I d'Este(1431~1505)가, 1510년에는 그의 아들인 알폰소 1세Alfonso I d'Este(1476~1534)가 페라라 공작이었다. 에르콜레 1세는 1482년 5월 3일에 베네치아와의 전투에서 한 번 패했으나 후에 군주 자리를 되찾는다.

03

복합 군주국

신생 군주국에는 어려운 문제가 발생한다. 우선 전적으로 새롭게 생긴 것이 아니라 기존에 있던 군주국에 국가의 구성원이 집단적으로 병합된 경우를 복합 군주국^{mixed principality}이라 부르겠다. 이러한 국가의 불안정은 모든 신생 군주국이 불가피하게 가지고 있는 어려움에서 기인한다. 민중은 그들의 삶이 향상되길 간절히 바랄 때 통치자를 갈아치우는 것도 주저하지 않는다. 이러한 희망은 민중으로 하여금 그들의 통치자에 맞서 무기를 들도록 유도한다. 이 시점에서 민중은 기만을 당한다. 후에 경험을 통해 상황이 악화되는 방향으로 흘렀다는 것을 알게 되기 때문이다. 또한 이러한 사태는 또 다른 자연스럽고 보편적인 필요성에서 기인한다. 즉 신생 군주가 그에게 굴복한 새로운 영토의 주민들에게 자신의 점령 군대를 통해 부담을 지우고, 그 과정에서 따라오는 수많은 침해 행위로 피해를 주지 않을 수 없기 때문이다. 이렇게 군주는 군주국을 병합하는 과정에서 피해를 입힌 모든 사람을 적으로 두게 되며, 게다가 통치자가 되게 한 우호적인 자들과도 유대 관계를 유지할 수 없게 된다. 이는 그들이 기대했던 바를 충족시켜주지 못했기 때문이다. 그렇다고 그들을 강압적인 수단으로 다룰 수는 없다. 여전히 그들이 필요하기 때문이다. 따라서 신생 군주가 매우 강력한 군대를 보유하고 있더라도, 어떤 지역을 점령할 때는 항상 그 지역민들의 호의가 필요하다.

프랑스 왕 루이 12세[6]가 밀라노를 신속하게 획득하고, 그만큼 순식간에 잃고 말았던 이유와 같다. 루도비코[7]가 처음에 루이 12세를 몰아낼 때 자신의 병력만 가지고도 충분히 해낼 수 있었던 것은, 루이 12세에게 성문을 열어주었던 사람들이 미래에 받을 혜택을 향한 그들의 기대가 기만당했음을 알게 되었기 때문이다. 또한 이 새로운 군주의 학대를 더는 견딜 수 없었기 때문이기도 하다.

그러나 반란 지역을 두 번째로 다시 정복한 후에는 그 지역을 쉽게 잃지 않는다. 군주가 조금도 주저하지 않고 반역자를 처벌하고 숙청하여, 반란을 자신의 취약한 권력을 강화하는 계기로 삼기 때문이

---

6) 루이 12세Louis XII(1462~1515)는 베네치아의 양해 아래 1499년 밀라노를 공격하여 점령하나, 후에 다시 빼앗긴다.
7) 1494년부터 밀라노를 다스리던 루도비코 스포르차Ludovico Sforza(1452~1508)를 말한다. 프란체스코 스포르차의 아들이다.

다. 루도비코가 처음 프랑스 왕을 밀라노에서 몰아낼 때는 국경지대에서 반란을 일으키는 것만으로도 충분했다. 하지만 두 번째에는 그에게 대항하기 위해 모든 국가[8]가 연합군으로 참전하여, 프랑스의 군대를 패배시키고 이탈리아 밖으로 몰아내야 했다. 앞서 언급했던 이유들 때문이다.

어쨌든 루도비코는 두 번이나 밀라노를 되찾았고 프랑스는 밀라노를 두 번이나 상실했다. 처음으로 밀라노를 잃었던 일반적 이유들은 이미 앞에서 논의했다. 여기서는 밀라노를 두 번째로 잃었던 이유에 대해 설명하고자 한다. 프랑스 왕이 어떤 지략을 가지고 있었는지, 그와 같은 처지에 있는 다른 지배자가 자신이 병합한 영토에서 프랑스 왕이 했던 것보다 안전하게 권력을 유지하기 위해 어떠한 정책을 쓸 수 있었는지에 대해서 살펴보기로 한다.

새로운 영토를 획득해서 기존의 국가에 병합하는 경우, 동일한 지역에 동일한 언어를 갖고 있는 곳과 그러지 않은 곳이 있다. 두 가지가 같은 경우, 특히 자치 정부에 익숙하지 않은 경우에는 지배하기가 참으로 쉬우며, 이를 안전하게 지배하기 위해서는 이곳을 통치하던 군주의 가문을 없애버리는 것으로 충분하다. 더불어 오래된 생활환경이 보전되며 관습적으로 차이가 나지 않는다면 평안한 삶을 함께 영위해나갈 수 있다. 그 사례로 프랑스에 오랜 기간 병합되었던

---

8) 유럽 각국이 연합한 신성동맹의 군대가 프랑스 군대와 대결한다. 1513년 루이 12세는 이들에게 패함으로써 이탈리아에서 돌아서야 했다.

브르타뉴, 부르고뉴, 가스코뉴와 노르망디가 있다. 약간의 언어차가 있더라도 관습이 같았기 때문에 사람들은 어렵지 않게 통합될 수 있었다. 지역을 병합하고, 이를 유지하길 원하는 군주라면 단연코 두 가지 고려 사항을 지켜야 한다. 첫째로 이전 군주의 가문을 제거할 것, 둘째는 기존 법률과 세금을 변개하지 않을 것. 그렇게 하면 단기간에 기존 군주국과 전적으로 한 몸을 이루는 데 별다른 문제가 없을 것이다.

반면 언어와 관습, 제도가 다른 지역을 병합할 경우 많은 어려움이 존재한다. 이러한 지역을 계속 통치하기 위해서는 많은 행운과 노력이 필요하다. 가장 훌륭하고 실제적인 도움은 그곳을 정복한 군주가 직접 가서 그 지역에 정주하는 것이다. 이 방법은 군주의 지위를 더 확실하게 해주고 지속성을 높여준다. 그리스[9]에서 튀르크 술탄이 그랬던 것처럼 말이다. 필요한 조치들을 모두 취했다 하더라도 만약 군주가 그곳에 정주하지 않았다면 영토를 지켜내지 못했을 것이다. 군주가 현지에 거주할 경우 소동이 발생하는 즉시 발견하여 신속하게 해결책을 마련할 수 있지만, 가까이 있지 않을 경우 문제가 커진 상태에서 사건 소식만을 접하게 되어 조속히 해결할 방도가 없기 때문이다. 또한 점령 지역 사람들은 관리들에게 약탈당하지 않을 것이며, 군주에게 즉각적인 호소로 대응할 수 있다는 점에 만족한다. 이

---

9) 여기서는 그리스를 포함한 발칸 반도 전체를 말한다.

와 같이 군주가 가까이 있음으로써 그들은 군주에게 충성할 더 많은 이유를 갖게 될 것이고, 반대로 군주에게 역심을 갖는 경우에도 그를 두려워할 더 많은 이유를 갖게 될 것이다. 외부에서 이 국가를 공격하고자 하는 자는 극도의 조심성을 가져야만 한다. 군주가 그곳에 정주하고 있는 한, 엄청난 어려움을 감수하지 않고는 영토를 빼앗을 수 없을 것이기 때문이다.

또 다른 좋은 방법은 그 영토의 중심이 될 수 있는 한두 지역에 이주병Colonie을 보내는 것이다.[10] 그러지 않을 경우 새로운 영토에 대규모의 기병과 보병을 주둔시켜야 할 필요가 있기 때문이다. 앞의 이주병들에게는 많은 비용을 들이지 않아도 된다. 아주 적은 비용 혹은 비용을 전혀 들이지 않고도 이들을 보내 정복한 영토를 유지할 수 있다. 이 새로운 거주자들에게 나누어줄 땅과 집을 몰수당하는 아주 극소수의 사람들만 피해를 입는다. 그리고 이렇게 피해를 입은 사람들은 보통 뿔뿔이 흩어지고 가난하기 때문에 결코 군주에게 위협이 될 수 없다. 반면 피해를 입지 않은 나머지 사람들은 쉽게 함구하게 되고, 마찬가지로 재산을 몰수당한 사람들에게 일어났던 일이 그들에게도 발생할 수 있다는 사실에 전전긍긍하며 실수하지 않기만을 바랄 뿐인 상태가 된다. 요컨대 이러한 이주병들은 많은 비용이 들지 않아도 되며 더 충성스러울 뿐만 아니라 소수에게만 피해를 준다. 그

10) 이주병 제도는 로마시대의 군대제도로, 이주민은 이주지에서 영농을 겸하면서 군비에 종사했다.

리고 앞에서 말한 것처럼, 이로 인해 피해 입은 자들은 가난해지고 흩어져서 보복할 수도 없다. 그러므로 기억해야 할 사항은 사람들을 아주 잘 대우해주든지 아니면 완전히 짓밟아버려야 한다는 점이다. 사소한 피해를 입은 자들은 보복할 수 있지만 심각한 피해를 입은 자들은 아예 보복조차 할 수 없기 때문이다. 따라서 사람들에게 가해져야 할 피해는 그들이 복수에 대한 두려움을 감당하지 못할 만큼의 수준이 되어야만 하겠다.

그러나 이주병 대신에 무장 병력을 그 지역에 주둔시킨다면 그 지역에서 나오는 모든 수입을 주둔군에 써야 하기 때문에 훨씬 많은 비용을 소비하게 된다. 새로 획득한 영토 유지를 위해 손실을 보게 될 경우 다른 모든 지역이 손해를 입기 때문에 수많은 사람이 격분하게 된다. 주둔군을 이리저리 이동시킴으로써, 모두가 고난으로 뭉치게 되고 모두가 적의를 품게 되어 이들이 패배당한 자신들의 영토에 거주하는 한, 언제나 군주에게 위해를 가할 수 있는 적이 되는 것이다. 이러한 이유들 때문에 이주병이 유용한 만큼 주둔군은 무용하다고 보는 것이다.

다시 말하면, 위에서 언급한 바와 같이 모든 면에서 다른 지역을 다스리는 군주는 인접한 약소국들의 맹주이자 보호자가 되어야 하며, 그들 가운데 더 강력한 국가는 약화시켜야 한다. 더불어 그 자신과 동등한 능력을 가진 외부 세력이 어떤 돌발 사태가 일어나더라도 그곳에 발을 넣지 못하도록 주의해야 한다. 이미 본 바와 같이, 지나친 야망이나 두려움으로 불만을 지닌 자들이 외부 세력을 끌어들이는 일이 항상 발생하기 때문이다. 예를 들어 로마인은 아이톨리아인에 의해 그리스에 들어오게 되었다. 로마인이 들어가게 된 각 다른 지역마다 해당 지역민들이 그들의 침입을 불러들인 것이다. 통상적으로 강력한 외부 침략자가 들어오게 되면 지배하던 통치 세력에 대한 불만으로 인해 모든 약소 세력이 그의 편에 서게 되는 것으로 일이 진행된다. 약소 세력들의 이러한 성향 때문에 그는 이들을 자신의 편으로 만드는 데 별 문제가 없게 된다. 이는 이들 전체가 그가 획득한 새로운 국가 세력으로 신속하게 결집하기 때문이다. 그러나 그는 이들이 너무 많은 무력과 권세를 가지지 못하도록 조심해야 한다. 그 자신의 힘과 지역 주민과의 친선을 도모하여, 강력한 세력의 등장을 쉽게 진압할 수 있게 된 후에 그 지역을 완전히 장악하는 군주가 될 수 있다. 이러한 일을 제대로 이행하지 않는 군주는 그가 획득한 지역을 쉽게 잃게 될 것이고 이를 유지하는 동안에도 끊임없는 환란과 재난을 겪게 될 것이다.

로마인은 그들이 병합한 국가에서 이러한 정책들을 철저히 시행했다. 이주병들을 보내고, 약소 세력과는 그들의 힘을 증가시키지 않는 범위 내에서 친선 관계를 유지했다. 더 강력한 세력을 진압했을 뿐만 아니라, 어떤 강력한 외부 세력이 권력을 얻게 되는 것도 허용하지 않았다.

이러한 사례로 그리스가 적절해 보인다. 로마인은 아카이아인이나 아이톨리아인과 우호적인 관계를 유지했고, 마케도니아 왕국은 패퇴시켰으며, 시리아의 안티오코스는 몰아냈다. 하지만 로마인은 공적이 있는 아카이아인과 아이톨리아인의 세력이 강성하게 되는 것을 허용하지 않았다. 마케도니아 필리포스 왕은 로마인들과 우호적으로 지내고자 했지만, 로마인들은 그들의 세력이 약화될 때까지 우호적인 관계를 용납하지 않았다. 이와 마찬가지로 안티오코스 역시 그의 영향력에도 그리스 지역에 어떠한 영토도 그에게 허용하지 않았다.

이러한 경우 로마인은 현명한 군주라면 마땅히 해야 할 모든 조치를 취했다. 단순히 현재의 닥친 문제들뿐만 아니라 모든 노력을 다해 대비해야 할 미래의 문제들까지 고려해야 하기 때문이었다. 조기에 예상하면 쉽게 해결할 수 있지만, 증세가 드러나기까지 지체하게 된다면 병세가 걷잡을 수 없게 되어 적절한 시기에 더는 치료할 수 없는 상태가 되기 때문이다. 의사들이 소모열을 치료하는 과정과도 같다. 소모열에 걸렸을 때, 초기에는 치료하긴 쉽지만 그 증세를 진단하기가 어렵고, 시간이 지나게 되면 진단하기는 쉽지만 치료하기 어렵다고 말하는 것과 같은 일이 발생한다. 이는 국정에서도 그대로 일어나는 현상으로, 악한 상황이 발생하는 때를 예견할 수 있다면[이는 현명한 안목을 가진 자에게만 주어진다] 이를 바로 시정할 수 있다. 하지만 이를 놓치고 예견하지 못하면, 모든 사람이 인지할 수 있을 무렵에는 해결책이 없게 된다.

그래서 로마인은 문제를 예견하고 즉시 대처했으며, 단지 전쟁을 피하기 위해서 위기에 빠지도록 결코 방치하지 않았다. 전쟁은 피해지는 것이 아니라, 적들의 유리함을 위해 잠시 지연된 것뿐이라는 것을 알았기 때문이다. 나아가 로마인은 이탈리아에서 전쟁을 치르지 않기 위해 필리포스, 안티오코스와 그리스에서 전쟁하기를 원했던 것이다. 그들은 두 세력과의 전쟁을 피할 수도 있었지만, 피하는 것을 원하지 않았다. 그들은 현시대의 현명한 자들에게서 회자되는 "시간이 주는 이점을 누리자"라는 말을 결코 받아들이지 않았고, 그보다는 자신의 용기와 신중함이 가져다주는 이점을 누리는 사람들이었다. 시간은 모든 것을 가져다주며, 악한만큼 선을 가져다주기도 하고 선한만큼 악을 가져다주기도 하기 때문이다.

이제 프랑스로 관심을 돌려서 위에서 언급한 것들을 어떻게 실행에 옮겼는지를 알아보도록 하자. 샤를 8세[11]보다는 루이 12세의 행

---

11) 샤를 8세(Charles VIII(1470~1498)는 프랑스의 왕으로, 루이 12세 이전에 이탈리아에 침입하여 단기간(1494년 8월~1495년 7월) 권력을 행사했다.

적에 대해 논의하고자 한다. 가장 오랜 기간에 걸쳐 이탈리아에 영토를 소유했으며, 여러 종류의 요소로 구성된 국가를 유지하기 위해 행해야 할 정책들과는 정반대의 정책을 행했기 때문이다.

　　루이 12세는 그의 개입으로 롬바르디아Lombardia 지역의 절반을 얻기를 바라던 베네치아인들의 야망에 의해서 이탈리아에 들어왔다. 그가 취했던 정책적 태도를 비난할 수는 없다. 루이 12세가 이탈리아에 기반을 구축하기를 원했지만 그 지역에 우호적인 세력은 하나도 없었고, 더욱이 샤를 8세의 불미스러운 행동들 때문에 모든 문이 닫혀 있다는 것을 알게 되어 그가 맺을 수 있는 어떤 동맹관계라도 받아들일 수밖에 없는 상황에 놓였기 때문이다. 만약 다른 일로 실수만 하지 않았더라도 그가 취한 정책은 빠르게 성공할 수 있었을 것이다. 하지만 루이 12세는 롬바르디아를 차지함으로써 샤를 8세가 잃어버린 권위를 즉각적으로 되찾을 수 있었다. 제노바는 항복했고 피렌체는 동맹국이 되었으며, 만토바 후작, 페라라 공작, 벤티볼리오 공작, 포를리 백작부인, 파엔차의 영주 등 이탈리아 중부 지역의 영주들이 루이 12세와 동맹관계를 맺기 위해 접근해왔다. 그런 다음에야 베네치아인들은 그들이 취했던 정책의 무모함을 깨달을 수 있었다. 롬바르디아의 두 도시를 확보하려다가 오히려 루이 12세를 이탈리아 영토의 3분의 2를 지배하는 자로 만들게 된 것이다.

루이 12세가 앞에서 제시한 규칙들을 준수하고 그의 모든 동맹국을 보호하고 유지시켰더라면, 별 어려움 없이 이탈리아에서 지위를 확보했을 것이다. 동맹국들의 수는 많았지만, 나약하고 용기가 없어 일부는 교회를, 일부는 베네치아를 두려워했고, 따라서 이들은 항상 루이 12세의 편에 서도록 강요받게 되었다. 또한 이들의 도움으로 여전히 강력하게 자리 잡고 있는 세력들에게서 쉽사리 자신의 안전을 확보할 수 있었을 것이다. 그러나 밀라노에 입성하자마자, 그는 알렉산데르 교황[12]이 로마냐Romagna를 정복하려는 것을 도움으로써 정반대의 정책을 시행했다. 이 정책으로 인해 그를 믿고 그의 품으로 들어온 동맹국들을 저버리게 되어 자신의 입장이 약화되었다는 것과 교회의 영적 권세에 세속 권력을 더해줌으로써 교회가 강성하게 되리라는 것을 미처 생각하지 못했다. 이 중대한 과오를 저지른 후에 더 많은 실수가 뒤를 이었고, 결국 루이 12세는 알렉산데르 교황의 야심을 통제하고 그가 토스카나의 지배자가 되는 것을 막기 위해 자신이 직접 이탈리아로 올 수밖에 없었다.[13]

　　교회 세속 권력을 강화시키고 동맹국을 상실한 것으로도 부족하여, 루이 12세는 나폴리 왕국을 차지하기 원하여 이를 스페인 왕과 분할하게 된다.[14] 단독 결정권자였던 그가 그 지역에, 국가에 대한 야망을 가진 자들과 그에 대하여 불만을 품고 있는 불평분자들을 보

---

12) 교황 알렉산데르 6세Alexander VI(1431~1503)를 말한다. 본명은 로드리고 보르자Rodrigo de Borja로 스페인 태생이며, 금전으로 교황의 자리를 차지했다고 알려졌다. 그의 아들인 체사레 보르자Cesare Borgia(1475~1507)는 1500~1502년에 정복전쟁을 벌여 중부 이탈리아를 지배했다.

13) 루이 12세는 1502년에 체사레 보르자의 피렌체 공격에 대한 소문을 듣고 밀라노까지 내려왔다.

호할 수 있는 다른 지배자를 끌어들인 격이 되어버린 것이다. 루이 12세가 자신에게 충성으로 헌신할 사람을 나폴리 왕국의 왕으로 세워야 함에도, 그를 제거하고 자신을 몰아낼 수 있는 사람을 그 자리에 앉힌 꼴이 된 것이다.

영토를 획득하고자 하는 욕구는 사실상 매우 자연스럽고 통상적인 것이다. 능력 있는 자가 언제나 이를 행해왔으며, 이는 비난받기보다는 칭송받는 일이다. 그러나 능력이 없는 자가 수단을 가리지 않고 정복하고자 하는 어리석은 행위에는 비난이 따르게 된다. 따라서 프랑스가 독자적인 힘만으로 나폴리를 공격할 수 있었다면 당연히 그렇게 했어야 했다. 하지만 그것이 아니라면, 왕국을 분할해서는 안 되는 것이었다. 롬바르디아에서 베네치아인들과 행했던 분할은 프랑스가 이탈리아 진출의 기반을 구축해야 한다는 이유로 정당화될 수 있었다. 하지만 그 후 다른 분할은 필요성이라는 구실조차 갖지 못했기 때문에 비난의 대상이 되는 것이다.

따라서 루이 12세는 다음과 같은 다섯 가지 실수를 범했다고 볼 수 있다. 약소 세력을 파괴한 것, 이탈리아에서 강력했던 교회의 세력을 더 강화시킨 것, 외세를 끌어들인 것, 정복한 영토에 직접 정주하지 않은 것, 이주병을 보내지 않은 것. 거기에 그가 베네치아인들의 영토를 탈취하는 여섯 번째 실수를 범하지 않았더라면 그 실수들

---

14) 1501년에 루이 12세는 아라곤 왕 페르난도 2세와 나폴리를 분할하나 후에 양자의 관계 악화로 인해 루이 12세는 그 권한을 잃고 만다. 나폴리 왕국의 통치권은 1504년 페르난도 2세에게 돌아갔다.

로 인한 피해까지 입지는 않았을 것이다. 교회의 세력을 강화해주지 않고 스페인을 이탈리아에 불러들이지 않은 상황이었다면, 매우 합리적이고 자연스럽게 베네치아인들을 몰아낼 수도 있었다.

그러나 이러한 상황이 이미 진행되었다면, 그는 결코 베네치아인들의 몰락에 동의해서는 안 되는 것이었다. 베네치아인들이 강한 세력으로 남아 있었다면, 롬바르디아에 대한 다른 세력들의 침입에서 항상 지켜냈을 것이고, 그들 자신이 롬바르디아의 맹주가 되는 것 외에는 어떤 정책도 결코 허락하지 않았을 것이다. 또한 나머지 다른 세력들도 프랑스에게서 롬바르디아를 빼앗아 베네치아인들에게 넘겨줄 리 만무했고, 그 두 세력 모두에게 정면충돌할 만한 용기도 갖지 못했을 것이다.

혹자가 루이 12세가 전쟁을 피하기 위해 로마냐를 알렉산데르 교황에게, 나폴리 왕국을 스페인 왕에게 양보한 것이라고 말한다면, 나는 전쟁은 피해지는 것이 아니라, 당신의 불리함을 위해 지연되는 것뿐이라서 전쟁을 피하는 실책을 범해서는 안 된다는 것을 앞서 들었던 이유와 함께 답할 것이다. 만약 또 다른 이가 루이 12세가 교황에게 자신의 결혼 무효화와 루앙 대주교[15]의 추기경 임명의 대가로, 정복전쟁에서 교황을 돕겠다고 한 서약을 이행했을 뿐이라고 주장한다면, 나중에 군주의 신의와 이를 어떻게 준수해야 하는지에 대해 서

---

15) 루이 12세의 재상인 조르주 당부아즈Georges d'Amboise(1460~1510)를 말한다. 알렉산데르 6세 교황이 루이 12세의 이혼을 허가하고 당부아즈를 추기경으로 서임하는 대신, 루이 12세는 교황의 로마냐 점령을 돕고, 체사레 보르자에게 발렌티노 공작 작위를 수여한다.

술하여 답변할 것이다.

　루이 12세는 영토를 점령하고 유지시키고자 했던 자들이 지켜야 할 어떤 조건도 준수하지 않음으로써 롬바르디아를 잃었다. 이러한 사태는 황당하다고 할 수도 없다. 오히려 합리적이고 당연한 것이었다. 흔히 체사레 보르자라고 불리던 알렉산데르 교황의 아들 발렌티노 공작이 로마냐를 지배할 때, 이러한 문제들에 대해 나는 낭트에서 루앙 추기경과 논의한 적이 있었다. 그가 이탈리아인들은 전쟁을 이해하지 못한다고 하기에 프랑스인들은 국정 운영을 이해하지 못한다고 대답했다. 만약 프랑스인들이 국정 운영에 대해 이해했더라면 교회가 그렇게 강력한 세력이 되도록 허용하지 않았을 것이라는 의미였다. 그리고 실제로 이탈리아에서 교회와 스페인의 강대한 권력은 프랑스에서 기인한 것이고, 프랑스의 몰락은 교회와 스페인에 의한 것이라고 보게 된다. 이것으로 거의 틀림없는 일반적인 원칙을 도출해낼 수 있다. 그것은 바로 타인이 강력해지도록 도움을 주는 자는 자멸한다는 것이다. 강력한 권력을 얻는 자는 그에게 도움을 주는 자의 통찰력과 힘에 의해 만들어진다. 이 두 가지는 권력을 얻은 후에는 믿을 수 없게 된다.

알렉산드로스 대왕에게 정복된
다리우스 왕국이
대왕이 사망한 후 후계자들에게
반란을 일으키지 않은 이유

　새로 정복한 영토를 통치하는 자들이 겪는 어려움을 고려해볼 때 알렉산드로스 대왕을 이상히 여길 수도 있다. 불과 수년 만에 아시아의 지배자가 된 알렉산드로스는 완전한 지배체계를 확립하기도 전에 사망했다. 따라서 전 지역에 반란이 일어나는 것이 타당해 보였음에도 그의 후계자들은 정복한 영토를 계속해서 유지했다. 개인적인 야심에 의해 그들 내부에 생겨난 분란 외에 다른 어려움은 겪지 않은 것이다.

　이를 설명하기 위해 기록에 남아 있는 군주국은 모두 두 가지 방법으로 통치되어왔다는 것을 기억할 필요가 있다. 하나는 군주가 그의 총애와 신임을 받는 신하들의 도움을 받아 국정을 처리하는 통치고, 또 하나는 군주와 영주에 의한 통치다. 이때 영주는 군주의 총애가 아닌 유서 깊은 가문으로 세습적 권리의 작위를 가진 이들을 의미한다. 이들은 영토뿐만 아니라 각자의 신하들도 보유하고 있으며, 그 신하들은 영주를 주인으로 섬기며 자연스럽게 충성을 다한다. 군주와 신하가 통치하는 국가들에서 군주는 가장 큰 권력을 소유하게 된다. 모든 영토 안에서 그보다 지위가 높은 사람은 존재하지 않는다. 만약 민중이 군주가 아닌 다른 사람에게 복종한다면, 이는 그들이 단지 군주의 관리 또는 신하이기 때문에 그러한 것이다. 민중은 그들에게 그 어떤 특별한 충성심도 갖지 않는다.

현시대의 이러한 두 가지 통치체제의 사례로 튀르크와 프랑스의 왕을 들 수 있다. 튀르크 왕국은 전체가 한 사람의 군주에 의해 통치되며 다른 사람들은 모두 왕의 신하들이다. 왕은 왕국을 산자크^{sanjaks}라는 지방조직으로 나누어 각 지역에 각기 다른 관리들을 파견하고, 그가 바라는 대로 그들을 이동시키거나 교체했다. 그러나 프랑스 왕은 오랜 기간 세습되어 유지되는 영주들 가운데에 있었다. 이때 영주들은 자신들의 신하들에게 인정과 존경을 받는다. 더불어 영주들은 자신들만의 특권을 지니고 있으며, 왕이 스스로 위험을 각오하지 않고는 그들의 특권을 빼앗아올 수 없는 것이다. 따라서 튀르크 왕국은 정복하기는 매우 어렵지만, 일단 정복하고 나면 권력을 유지하기는 매우 쉽다는 것을 알 수 있다. 튀르크 왕국을 점령하기 어려운 이유는 왕국의 신하들이 침략자를 불러들일 수도 없을 뿐더러 왕 주변에 있는 영주들의 반란을 기대할 수 없기 때문이다. 이는 앞에서 언급한 이유들 때문이다. 왕의 관리들은 모두 왕의 노예로 예속관계에 놓여 있으며 이를 변질시키기란 매우 어려운 일이다. 만약 가능하다 하더라도 민중을 관리들에게 유인할 수 없다. 따라서 튀르크 왕국을 공격하려는 자는 왕국이 일치단결하여 저항할 것을 염두에 두어야 할 뿐만 아니라 적의 분열보다는 자신들의 무력에 의존해야 한다. 그러나 만약 왕국을 정복하고 적의 군대를 다시 재기할 수 없도록 만든다면, 군주의 가문을 제외하고는 두려울 것이 없게 된다. 그들마저도 전멸시키고 나면, 다른 이들은 민중의 신망을 얻지 못하므로 더 이상 두려워할 만한 이는 남지 않게 된다. 정복자는 자신의 승리를 위해 이들에게 의지하지 않았기 때문에, 승리 후에도 이들을 두려워할 이유가 없다.

프랑스와 같은 방식으로 통치되는 왕국에서는 이와 반대되는 현상이 일어난다. 이곳에는 불만을 품은 세력과 변혁에 대한 갈망을 지닌 자들이 항상 있기 때문에, 일부 영주들을 자기편으로 끌어들임으로써 쉽사리 왕국에 입성할 수 있다. 앞에서 제시한 이유들 덕분에 영주들은 왕국의 영토로 들어오는 길을 열어줄 것이고 침략자의 승리를 용이하게 만들어줄 것이다. 그러나 침략 이후에 획득한 것을 유지하고자 한다면, 당신을 도운 사람들과 당신이 짓밟은 사람들로 인해 수많은 어려움에 직면하게 될 것이다. 군주의 가문을 몰살시키는 것만으로는 충분하지 않다. 남아 있는 영주들이 당신에게 대항하는 새로운 반역의 주모자가 될 것이기 때문이다. 이들을 만족시킬 수도 제거해버릴 수도 없으며 이들에게 기회가 온다면 언제든 나라를 잃게 되는 것이다.

다리우스 왕국[16]으로 돌아가보자. 이들이 튀르크 왕국과 흡사하다는 것을 알게 될 것이다. 따라서 알렉산드로스 대왕에게 필요했던 것은 우선적으로 전장에서 그를 격파하고 난 후에 그의 영토를 빼앗아오는 일이었다. 다리우스 왕을 죽이고 승리한 후 알렉산드로스는 안전하게 왕국을 유지할 수 있었다. 만약 그의 후계자들이 서로 잘 결속되어 있었더라면, 안전하고 수월하게 그 지역을 유지할 수 있었을 것이다. 그들 스스로 초래한 내분을 제외하고는 왕국 내에 어떤 소동도 발생하지 않았기 때문이다.

그러나 프랑스와 같은 방식으로 형성된 국가들을 이와 같이 평탄하게 통치하는 것은 불가능하다. 그렇기 때문에 스페인, 프랑스, 그

---

16) 아케메네스 왕조의 페르시아 제국을 말한다. 마지막 왕 다리우스 3세Darius Ⅲ(?~B.C. 330)가 알렉산드로스 대왕에게 패배하면서 페르시아는 멸망한다.

리스 등에서 로마에 대항하여 반란이 빈번하게 일어났던 것이다. 이 지역에는 수많은 군주국이 존재해 있으므로, 그 군주국에 대한 기억을 간직하고 있는 한 로마인의 영토 점유는 항상 불안정할 수밖에 없었다. 그러나 로마 제국 세력의 확장과 지배 장기화가 그 기억을 사라지게 했고, 그 후에 로마인은 확고한 지배자가 되었다. 이후 로마인들 간의 내부갈등[17]으로, 그들 각자가 자신들이 장악한 지역에 대한 권한에 따라 그 지역들을 자신들의 것으로 삼을 수 있었다. 그리고 이전 지배자의 가문이 몰락하게 되어 로마 세력들만이 인정받게 되었다.

이러한 사실을 고찰해보면 알렉산드로스 대왕이 아시아 국가들을 용이하게 유지했던 것이나, 피로스[18]와 같은 군주들이 정복지를 유지하는 데 어려움이 있었다는 것이 이상해 보이지 않는다. 이는 정복자의 역량의 차이가 아니라, 정복된 국가의 차이에서 비롯된 것이다.

---

17) B.C. 88년부터 B.C. 30년까지 일어났던 여러 차례의 내전을 통틀어 일컫는다.
18) 피로스Pyrrhos(B.C. 319~B.C. 272)는 고대 그리스 에피루스의 왕이다. 이탈리아 남부를 정복하고 카르타고인에게 승리했지만, 그 통치에 난점이 많아 점령지를 유지할 수는 없었다.

05
점령 전에 자치법으로 살아온
도시나 군주국을 통치하는 방법

앞에서 언급했던 것과 같이 민중이 자신들이 만든 법에 따라 자유롭게 생활을 해오던 국가를 점령했을 경우, 그 국가를 유지하는 세 가지 방법이 있다. 첫째 그들을 파괴하는 것, 둘째 그곳에 직접 가서 정주하는 것, 셋째 그들의 법에 따라 사는 것을 허락하고 공물을 걷어 점령자에게 우호적으로 유지되는 과두정부oligarchy를 설립하는 것이다. 이런 정부는 군주와의 친선이 없으면 존속하지 못하는 것을 알고 있을 뿐만 아니라 군주를 지원하기 위해 전력을 다하기 때문이다. 그러므로 자유스러운 생활에 익숙한 도시를 지속적으로 지배하려는 자는 다른 어떤 방법보다도 도시의 주민들을 이용하는 방법으로 이를 더 용이하게 유지해나갈 수 있다.

그 실례로 스파르타인과 로마인이 있다. 스파르타인은 과두정부[19]를 설립하여 아테네와 테베를 통치했지만, 결국에는 통치권을 모두 잃고 말았다. 로마는 카푸아와 카르타고와 누만티아를 지배하기 위해 그 국가들을 파괴시켰지만,[20] 통치권을 잃지는 않았다. 로마인도 그리스를 지배하기 위해서 스파르타인이 그랬던 것처럼, 자유로운 생활을 보장하고 자치를 허용했지만 성공하지 못했다. 따라서 지배체계 유지를 위해 많은 도시를 진멸하지 않으면 안 되었다. 이는 사실상 이들을 멸망시키는 것보다 안전한 방법이 없었기 때문이다. 그리고 자유에 익숙한 도시의 지배자가 되고 그 도시를 파멸하지 않는 자는, 이로 인해 오히려 자신의 파멸을 기대해도 될 것이다. 반란은 언제나 자유라는 이름을 내걸고, 지나간 특권을 명분으로 삼을 것이며, 시간의 흐름도 어떤 보상도 이를 잊게 하는 이유가 될 수 없기 때문이다. 그리고 이에 대하여 군주가 무엇을 하든지 어떤 것을 제공하든지 상관없이, 그들을 분열시키거나 분산시키지 않는다면 그 이름과 그 특권을 잊지 않을 것이다. 마치 피사가 피렌체의 지배를 100년이나 받은 후에도 그랬던 것처럼,[21] 기회만 된다면 그들은 즉시 반란을 위해 집결할 것이다.

---

19) 펠로폰네소스 전쟁으로 아테네를 격퇴한 스파르타인은 B.C. 404년에 '30인제'라 불리는 과두정치를 시행했다. 그러나 B.C. 403년 아테네의 장군 트라시불로스에게 정복되면서 민주제로 복원되었다. 스파르타는 테베에서도 그 제도를 실시했으나 B.C. 397년에 페로피다스에 의해 전복되었다.

20) 카르타고는 B.C. 146년, 누만티아는 B.C. 133년, 카푸아는 B.C. 211년에 로마인에 의해 파괴되었다.

그러나 군주의 지배하에 사는 것이 익숙한 도시나 국가는 다르다. 그 군주의 가문이 몰락해도 예전의 군주는 존재하지 않는데도 여전히 복종에 익숙해 있다. 한편으로 그들은 자신들 중 누군가를 군주로 삼는 것에 쉽게 동의하지도 못할 뿐만 아니라 자치체제를 어떻게 갖게 되는지조차 알지 못한다. 따라서 그들이 무장을 갖추는 데 또한 많은 시간이 걸리므로 군주는 이들을 훨씬 쉽게 자신의 편으로 얻어 지배할 수 있게 된다. 하지만 공화국에서는 더 많은 활력과 더 큰 증오와 복수에 대한 열망이 커서, 예전의 자유에 대한 기억이 사라지는 것을 결코 용납하지 않을 것이다. 따라서 가장 안전한 방법은 그 국가들을 파멸시키거나 그곳에 직접 정주하며 통치하는 것이다.

---

21) 피사는 1405년부터 피렌체의 지배하에 있었으나, 1494년 프랑스의 침입으로 힘을 얻어 반란을 일으켰다. 하지만 1509년에 다시 피렌체에 귀속되었다.

06

군주 자신의 무력과 역량으로 정복한
신생 군주국

완전히 새로운 군주국에 관하여 논의할 때, 군주와 국가에 관해서 가장 위대한 인물들의 사례를 제시하더라도 놀랄 일이 아니다. 인간은 대체로 선인先人들이 이미 지나간 길을 따라 그들의 행동을 모방하지만, 선인들의 길을 완전히 찾아갈 수도 없고 선인들과 같이 높은 경지에 이르지도 못한다. 현명한 이는 가장 위대한 인물들의 길을 따르고 가장 뛰어났던 이들을 모방하기 위해 노력하는데, 이는 자신의 역량이 비록 그 인물에 미치지 못하지만 적어도 그 근처에라도 도달하기 위해서다. 자신의 활의 힘의 한계를 잘 알고 있는 영민한 궁수가 너무 멀리 떨어져 있어 보이는 목표물을 향해 활을 쏘는 것 같이 행동해야 한다. 그는 자신의 힘이나 화살로 그렇게 높은 곳에 이르는 것이 아니라 과녁보다 훨씬 높은 곳을 겨냥하여 활을 당김으로써 그 방법을 통해 자신이 맞히고자 하는 목표에 다다를 수 있게 된다.

그러므로 신생 군주국에는 신생 군주가 있기 마련이다. 대체로 군주의 역량에 따라 권력을 유지하는 데 다소간의 어려움이 있게 된다. 한 개인의 신분으로 군주가 된다는 것은 역량이나 행운에 의한 것이라고 전제되므로 이둘 중 어느 것이라도 많은 어려움을 어느 정도 완화시켜줄 것임이 틀림없다. 그럼에도 행운에 대한 의존도가 적을수록 군주는 가장 강력하게 설 수 있게 된다. 더욱이 군주가 다른 영토를 소유하고 있지 않고 그곳에 정주한다면 문제들은 더 줄어들 것이다.

행운이 아닌 자신의 역량에 따라서 군주가 된 사람들 중 모세, 키루스, 로물루스, 테세우스 등이 가장 뛰어나다. 비록 어떤 이는 모세[22]가 단지 신의 뜻을 행하는 집행자라서 논의의 대상이 되지 않는다고 하지만, 그가 신과 대화할 수 있는 자격을 부여받은 것만으로도 존경받아야 한다. 더불어 왕국을 획득하거나 일으켜 세운 키루스와 다른 이들 역시 모세 못지않게 존경받을 만하다. 그들의 특별한 행동과 수행력을 살펴보면, 모세가 신의 뜻을 따라 행한 것보다 못하지

---

22) 모세Moses는 『구약성서』에 나오는 선지자로, 이스라엘 민족을 이집트의 노예 생활에서 해방시켰다.

않았다는 것을 알 수 있다. 그들의 행동과 삶을 보면 처음에 얻은 기회를 넘어선 행운 외의 어떤 것도 가지지 않았다는 것을 알 수 있다. 그러한 기회를 가질 수 없었다면 그들의 정신적 능력은 사라져버렸을 것이다. 그들의 역량이 없었다면 그 기회 역시 헛된 것이었을 것이다.

그러므로 이스라엘 사람들이 이집트의 노예 생활에서 벗어나기 위해 모세를 추종하는 일이 발생하기 전에, 모세가 이집트인들에게 억압받고 있었던 이스라엘 사람들을 발견하는 일이 필요했다. 로물루스[23]는 로마의 왕이자 건국자가 되기 위해 출생하자마자 버려져 알바에 머무르지 못하는 일이 필요했던 것이다. 키루스[24]가 메디아의 정부에 불만을 가진 페르시아인들과 오랜 평화 속에서 무방비해지고 나약해진 메디아인들을 찾지 못했다면, 그러한 업적을 이루지 못했을 것이다. 테세우스[25]가 흩어진 아테네인들을 만나지 못했다면, 그의 능력을 보여줄 수 없었을 것이다. 이러한 기회들이 그들을 행운을 지닌 자로 만들어주었고 그들의 탁월한 능력이 그 기회를 알아채게 한 것이다. 결국 그것이 해당 국가의 품격을 높여주었을 뿐만 아니라 명성을 떨치도록 만든 것이다.

그들처럼 용맹스런 방법으로 군주가 된 사람들은 어렵게 국가를 획득한 만큼 그 국가를 쉽게 유지할 수 있다. 국가를 획득할 때 그들

---

23) 로물루스Romulus는 로마의 건국의 아버지로 일컫는 전설적인 인물이다. 어린 시절에 쌍둥이 아우인 레무스Remus와 함께 버려져서 늑대의 젖을 먹고 성장했다고 한다.
24) 키루스Cyrus(?~B.C. 529)는 고대 페르시아의 왕이다. 메디아, 리디아, 신바빌로니아를 멸망시키고 잡혀 있던 유대인 포로들을 해방시켰으며, 페르시아 제국의 기초를 닦았다.

이 갖는 시련은 부분적으로는 그들이 국가를 세우고 안보를 위해서 도입해야 하는 새로운 제도와 통치체계에서 야기된다. 이쯤에서 우리는 새로운 질서를 도입하는 것보다 훨씬 더 착수하기 어렵고, 많은 위험이 존재하며, 더욱 불확실한 것은 없다는 것을 기억해야만 한다. 혁신자들은 기존 체제 아래서 영화를 누리던 자들 모두와 적대적 관계가 되는 반면, 새로운 체제 아래서 영화를 누리고자 하는 자들은 미온적인 옹호자일 것이기 때문이다. 이러한 냉담함 중 일부는 적들에 대한 두려움에서 기인한다. 다른 일부는 오랜 기간을 통해 경험해 볼 때까지 새로운 것을 선뜻 믿지 못하는 사람들의 불신에서 야기된다. 적대적인 사람들은 공격할 기회만 있다면 강력한 당파심으로 언제든지 공격하는 반면에, 다른 이들은 미온적으로 방어하므로 군주도 그런 식으로 이들을 따라 위험에 빠지게 되는 것이다.

그러므로 우리가 이 일에 관하여 철저하게 논의하기를 원한다면, 혁신자들이 그들 자신의 능력만 의지해도 되는지 아니면 다른 사람들을 의존해야 하는지를 알아볼 필요가 있다. 다시 말해, 그들의 과업을 완수하기 위해서 타인의 도움을 간청할 것인가, 아니면 그들의 자력만을 사용할 것인가의 문제인 것이다. 전자는 거의 항상 성공하지 못하며 그 어떤 것도 성취하지 못한다. 그러나 그들이 그 스스로 자신들을 의존하며 그들의 능력만을 사용할 수 있다면, 좀처럼 위험

---

25) 테세우스Theseus는 그리스 신화에 등장하는 아테네의 영웅이다. 사람의 몸에 소의 머리를 가진 괴물 미노타우로스를 물리친 것으로 유명하다.

에 빠지지 않는다. 이런 이유 때문에 무장한 예언자들은 모두 승리를 거두었지만, 무장하지 않은 예언자들은 파멸을 당했던 것이다. 언급한 이유 외에도 인간의 본성이 변덕스러워서 그들을 설득하긴 쉬워도, 그들을 설득된 상태로 유지하는 것은 어렵다는 점이 있다. 따라서 그들이 더는 믿지 않을 때, 힘으로 그들을 믿게 만들 수 있는 정책을 취해야 할 필요가 있다.

만약 모세, 키루스, 테세우스, 로물루스가 무력을 갖추지 않았더라면, 그들은 그들이 제정한 새로운 법질서를 오랫동안 시행할 수 없었을 것이다. 현시대에 수사修士 지롤라모 사보나롤라[26]에게 일어났던 일이 바로 이것이다. 민중이 더는 그를 신뢰하지 않자 그는 그의 새로운 질서와 더불어 즉시로 몰락의 길을 걸어야 했다. 그에게는 그를 믿었던 자들을 변함없이 유지시키고 믿지 않던 자들을 믿을 수 있게 만드는 어떠한 방책도 없었다.

그러므로 이와 같이 혁신자들은 모든 위험의 증가로 인하여 그들의 과업을 완수하는 데 매우 큰 어려움이 따르겠지만 자신들의 능력으로 어려움을 극복해내고, 그들의 성공을 시기하는 자들을 섬멸한 후에는 존경받기 시작할 것이다. 그 후로는 강력하고 안전하며 명예롭고 행복한 상태로 계속 남아 있게 된다.

이 훌륭한 사례들에 조금 더 작은 사례를 더하고자 한다. 이 사례

---

26) 지롤라모 사보나롤라Girolamo Savonarola(1452~1498)는 이탈리아 페라라 출생으로 1475년에 도미니크회 수도사가 되었다. 당시 교황과 세속의 타락에 회의를 갖고 그들에 대해 공격적인 자세를 취했으며, 기독교주의에 의한 제도 개혁을 단행했다. 그러나 이탈리아를 침공했던 프랑스 왕 샤를 8세가 퇴각하면서 그의 세력은 약화되었다. 1498년 메디치가와 교황 알렉산데르 6세에 의해 파문되었고, 같은 해에 체포되어 화형에 처해졌다.

역시 그들과 유사한 점들을 지니고 있으며 내게는 모두 같은 맥락으로 보인다. 바로 시라쿠사의 히에론 왕이다. 그는 개인의 신분으로 시라쿠사의 군주가 되었다. 그는 어떤 행운의 도움도 없이 단지 주어진 기회를 포착해 그 자리에 올랐다. 시라쿠사인은 자신들이 억압받고 있을 때 히에론을 장군으로 세웠고, 훗날 그는 그들의 탁월한 군주로서 의무를 다했다. 일개 평민이었지만 대단한 능력을 발휘했다. 그에 대해 기록한 어떤 이는 그는 왕이 되는 왕국 이외에는 아무것도 원하는 것이 없었다고 전하고 있다. 그는 기존 군대를 해체하고 새로운 군대를 조직했으며, 예전의 동맹을 파기하고 새로운 동맹을 체결했다. 자신의 군대와 동맹들을 가지게 됨으로써 어떠한 조직체계라도 세울 수가 있었다. 그가 권력을 획득할 동안에는 많은 곤란을 견뎌냈지만, 유지시키는 데는 별다른 곤란을 겪지 않았다.

타인의 무력과 행운으로 획득한
신생 군주국

　단지 행운만으로 일개 평민에서 군주가 된 자들은 오르는 데 어려움이 적지만, 정상의 자리를 지키는 데는 많은 곤란을 겪게 된다. 그들은 날아오르듯이 그 자리에 오르기 때문에 도중에 어떤 장애물도 만나지 않지만, 일단 정상에 도달해서는 많은 문제를 갖게 된다.

　이는 영토를 돈으로 사거나 그것을 수여한 사람의 호의로 인하여 얻게 된 이들의 경우와 같다고 할 수 있다. 그리스에서 많이 발생한 일로 이오니아와 헬레스폰토스(다르다넬스 해협)의 도시들에서는 다리우스 왕[27]에 의해 군주들이 임명되었는데, 이는 다리우스 왕이 신변의 안전과 영광을 위하여 그들이 도시들을 지켜나가도록 하기 위한 것이었다.

또한 군대의 타락으로 인하여 일개 평민이 황제로 등극한 경우도 있다.[28] 이런 지위는 그야말로 그들에게 나라를 넘겨준 자들의 호의와 행운에 의한 것이다. 따라서 이 두 가지 요소는 가장 변덕스럽고 급변할 수 있는 것들이다.

당연히 그들은 그 자리에서 필요한 지식도 갖추지 못했다. 그들이 탁월한 기질과 역량을 지니지 않는 한, 평생 평민의 신분으로 살아온 그들에게 어떻게 명령하는지 알기를 기대하는 것은 합당하지 못하다. 그뿐만 아니라 우호적이고 충성스러운 세력을 가지고 있지 않기 때문에 권력을 지킬 수도 없다. 갑자기 생겨난 국가는 마치 너무 급속히 나고 자란 자연 속의 모든 것과 같다. 처음으로 닥친 폭풍우가 그들을 쓰러뜨리지 못하도록 그들의 뿌리와 줄기를 어떠한 방법으로도 고정시키지 못한다. 앞에서 말한 것처럼, 예기치 않게 군주가 된 사람이 운이 그의 삶 속에 던져준 것을 확실하게 붙잡고 지키기 위해 즉시 취해야 할 사항들을 알 수 있을 정도로 많은 역량을 지니지 않았다면, 더불어 다른 이들이 군주가 되기 전에 구축한 기반을 그는 군주가 된 후에야 갖출 수 있다는 것을 알 정도로 많은 역량을

---

27) 다리우스 1세Darius I(B.C. 550~B.C. 486)는 고대 페르시아의 전성기를 가져온 왕이다. 그는 직할령을 제외한 전국을 '사트라피'라는 20개 행정구역으로 나누고, 구역마다 '사트라프'라는 총독을 파견해 다스렸다.

28) 마르쿠스 아우렐리우스Marcus Aurelius에서 막시미누스Maximinus에 이르는 로마 황제들을 일컫는다.

지니지 않았다면, 그렇게 쓰러지고 말 것이다.

능력과 행운으로 군주가 되는 이 두 가지 방법에 대해, 우리 자신들 기억 속에 있는 두 가지 사례를 제시하고자 한다. 바로 프란체스코 스포르차와 체사레 보르자다.

프란체스코는 적절한 수단과 출중한 역량으로 평민에서 밀라노의 군주가 되었고, 수많은 시련을 겪으면서 밀라노를 차지했으나 그것을 지키는 데 거의 문제가 없었다. 반면에 사람들에게 발렌티노 공작이라고 불린 체사레 보르자는, 기세등등한 그의 아버지의 권세를 등에 업고 영토를 획득했지만, 아버지의 권세가 약화되자 그것을 잃게 된다. 그럼에도 그는 힘과 행운이 가져다준 영토에 그의 뿌리를 공고히 다지기 위해 모든 수단을 동원하고, 현명하고 유능한 사람들이 응당 해야 될 일들을 모두 행했다. 앞에서 진술한 바와 같이, 처음에 자신의 기반을 구축하지 않은 자라도 출중한 역량을 가지고 있다면 그 후에라도 그것을 구축할 수 있지만, 실제로 그것을 구축할 때는 설계자의 난제들과 건축의 위험성이 수반될 것이기 때문이다.

따라서 군주로서 그가 취했던 모든 행적을 보면 그가 가질 미래의 권력을 위해 완전한 기반을 구축한 것으로 보인다. 그리고 내가 이를 논하는 것을 불필요한 것이라고 여기지 않는 것은, 그의 행적을 본보기로 삼는 것보다 새로운 군주들에게 줄 수 있는 더 나은 교훈이 무엇인지 알지 못하기 때문이다. 그의 계획이 결과적으로 실효를 거두지 못했지만, 그것은 그의 잘못이 아니라 극단적으로 악의를 품은 보기 드문 운명 때문이었다.

알렉산데르 6세는 아들인 발렌티노 공작의 세력을 강화시키고자 함으로써 당시뿐만 아니라 미래에도 많은 어려움을 겪어야 했다. 첫째, 그는 아들을 교회의 영지가 아닌 다른 지역의 지배자로 만드는 방법을 알지 못했고, 그가 만약 교회의 영지를 뺏으려 해도 밀라노의 군주(루도비코 스포르차)와 베네치아인들이 허락하지 않으리라는 것을 알고 있었다. 이는 파엔차와 리미니가 이미 베네치아인들의 보호를 받고 있었기 때문이다. 이 외에도 그는 이탈리아 군대, 특히 그를 도울 수 있는 군대가 교황의 권력이 강화되는 것을 두려워하는 사람들, 즉 오르시니가와 콜론나가와 그의 추종자들의 수중에 있다는 것을 알고 있었다. 그러므로 그는 정세를 혼란스럽게 하고 권력자들을 뒤흔들 필요가 있었는데, 이는 그들의 영토 일부라도 안전하게 지키기 위해서였다. 그에게는 쉬운 일이었다. 베네치아인들이 그와는 다른 이유로 움직여, 프랑스 세력을 이탈리아로 불러들이려고 한다는 것을 알고 있었기 때문이다. 그는 이를 반대하지 않았을 뿐만 아니라, 루이 12세의 첫 번째 결혼을 무효화해줌으로써 이 문제를 더 용이하도록 했다. 따라서 루이 12세는 베네치아인들의 도움과 교황의 동의로 이탈리아에 침입하게 되었다. 그가 밀라노에 입성하자마자 교황은 로마냐를 정복하기 위해 그에게 군사를 얻었고,[29] 로마냐는 프랑스 왕의 명성 때문에 교황에게 항복하고 말았다. 그렇게 로마냐를 획득하고 콜론나가를 패배시킨 발렌티노 공작은 이를 확보하고 더 거슬러 올라가 진군하기를 원했지만, 두 가지 일로 방해받게 된다. 하나는 그의 군대가 그에게 충성을 보이지 않았다는 점이었고, 또 하나는 프랑스와의 친선 관계였다. 다시 말하면, 그는 그가 이용하고 있는 오르시니가의 군대가 그의 편에 서지 않을까 두려워했다. 또한 그가 앞으로 더 승리하는 것을 방해할 뿐만 아니라 그가 이미 승리한 것을 빼앗을 수도 있다는 것, 그리고 프랑스 왕 역시 이와 같은 일을 행할 수도 있다는 것을 두려워했다. 파엔차를 점령한 후 볼로냐를 공격할 때 오르시니의 군대가 마지못해 공격하는 것을 보고 공작은 그들에게서 경고를 받은 것으로 보았다. 우르비노 공작령을 점령하고 직접 토스카나로 진격했을 때, 왕이 그 공격을 그치도록 하는 것을 보고, 프랑스 왕의 관계 역시 마음으로 알아차리게 되었다.

이런 이유들로 공작은 더는 타인의 무력과 행운에 의존하지 않기로 결심했다. 첫 번째로 그는 로마에 있는 오르시니와 콜론나의 파벌부터 약화시켰으니, 그들의 귀족이었던 지지자들 모두를 자신의 지지자들로 만들고, 후한 보수를 지급했으며, 그들의 자질에 따라 관

---

29) 발렌티노 공작 체사레 보르자가 프랑스의 도움을 받아 벌인 로마냐 공략에 동원된 병력은 창기병과 스위스 용병으로 이루어져 있었다.

직과 군사지휘권을 부여했다. 이와 같은 방식으로 몇 달 지나자 모든 이들의 지지를 받던 파벌은 해체되었고 그 모든 지지는 전적으로 공작에게로 돌아왔다. 그는 콜론나 가문의 지지자들을 분열시킨 후에, 오르시니 가문을 무너뜨릴 기회를 기다렸다. 곧 그러한 기회가 왔고 그는 이를 잘 활용했다. 마침내 공작과 교회의 권력 강화가 자신들을 파멸시키리라는 것을 절실히 깨달은 오르시니 가문은 페루자에 있는 마지오네에서 회의를 소집했다. 그 이후 갑작스런 우르비노의 반란과 로마냐에서의 소요 그리고 공작에게 끊임없이 발생하는 위험들 모두를 그는 프랑스의 도움을 받아 극복해냈다. 그는 권위를 회복하면서 프랑스나 다른 외부 세력을 믿는 위험에 처하지 않기 위해, 자신 스스로의 책략에 의지했다. 또한 자신의 의중을 숨기는 법을 너무나도 잘 알고 있었기에, 파고로 영주에게 매우 정중하고 관대하게 대접하면서 온갖 관심과 돈, 의복, 말들을 주어 안심시키는 데 성공하여 파고로의 중재로 오르시니 가문과 화해했다. 이에 따라 그들의 순진함이 그들을 세니갈리아Senigallia의 공작의 수중에 들어오도록 만들었다. 공작은 그들의 지도자들을 몰살시켰고 지지자들을 자신과 우호적인 관계로 돌리면서, 로마냐 모든 지역과 우르비노 공작령을 장악하여 권력을 위해 충분할 만큼 확고한 기반을 다지게 되었다. 그리고 주민들이 그들의 번영을 인정하기 시작하자, 모두 그에게로 쏠린

덕에 그들의 마음을 확실히 얻게 되었다. 이 점은 매우 주목할 만할 뿐만 아니라 모방할 가치가 있으므로, 이에 대한 논의를 계속 이어가겠다.

발렌티노 공작은 로마냐를 정복하고서, 로마냐가 주민들을 다스리기보다는 약탈하고, 연합보다는 분열을 조장하는 나약한 영주들이 다스렸다는 것을 알게 되었다. 그로 인해 그 지역은 강도가 득실거렸고, 다툼은 빈번했으며, 온갖 종류의 폭력이 난무했다. 이를 평정하여 군주의 권위에 복종시키기 위해 이곳에 적합한 관리를 둘 필요가 있다고 생각했다. 이에 따라 그는 곧 재빠르고 잔인한 레미로 데 오르코[30]를 승진시켜, 그에게 전권을 일임했다.

레미로는 단시간 내에 매우 훌륭하게 성공적으로 평화와 연합을 이루어냈다. 이후 공작은 이와 같은 지나친 권력을 부여하는 것이 바람직하지 않다고 생각하게 되었을 뿐만 아니라, 그가 걸림돌이 되리라는 것에 의심의 여지가 없다고 생각했다. 이런 연유로 공작은 그 지역에 가장 유능한 재판장이 관장하는 재판소를 설치하고, 모든 도시에 변호사를 두도록 했다. 그는 이전의 가혹한 처사가 그 자신에 대한 증오를 유발시켰다는 것을 알고 있었다. 따라서 사람들의 마음을 완전히 얻기 위해, 어떤 잔악 행위가 발생했다면 그것은 자신에게서 비롯된 것이 아닌 관리인들의 천성적인 엄격함에서 기인된 것

---

30) 레미로 데 오르코Remirro de Orco는 1501년에 로마냐의 장관으로 임명되었으나, 1502년 12월 31일에 처형되었다.

이라는 것을 보여주고자 했다. 이런 이유로 공작은 레미로를 붙잡았다. 어느 날 아침 그를 처형해버리고는 체세나 광장에 피묻은 칼과 함께 처형대에 매달아두었다. 이 광경의 잔혹함은 사람들을 즉시 만족시켰으나 한편으로는 경악을 금치 못하게 했다.

　다시 본론으로 되돌아가면, 자신의 방식으로 스스로 군대를 갖춤으로써 당면할 수 있는 위험에서 안전해지고 충분할 만큼 강해졌다고 생각한 공작은, 그에게 위험이 될 수 있는 주변세력들을 대대적으로 무찔렀다. 더불어 계속해서 정복해나가고자 한다면, 그 다음은 프랑스가 될 것이라 생각했다. 자신의 실수를 너무 늦게 눈치 챈 프랑스 왕이 그를 지원하지 않으리라는 것을 알았기 때문이다. 이때부터 공작은 새로운 동맹을 찾아나섰고 가에타를 포위했던 스페인군에 맞닥뜨리고 있는 나폴리 왕국을 향한 원정을 나선 프랑스에 미온적 자세를 취했다. 이는 프랑스에 대하여 그의 안전을 확보하고자 하는 의도였는데, 알렉산데르 교황이 살아 있었다면 신속히 성취될 수 있었을 것이다.

　이것이 당면한 문제들에 대한 공작의 행동방침이었다. 그러나 미래에 대해서 그는 처음에는 두려움을 가졌다. 교회의 새로운 후계자가 그에게 우호적이지 않을 수도 있다는 것과 알렉산데르 교황이 그에게 주었던 것들을 빼앗고자 할 수도 있기 때문이다. 따라서 그는 네 가지 방식으로 조치를 취하기로 결정했다. 첫째로, 자신이 탈취했던 군주의 가문을 몰살시킴으로써 교황에게 핑곗거리를 제공하지 않도록 했다. 둘째로, 이미 로마의 모든 귀족을 자신의 편으로 끌어들임으로써 그들의 도움을 받아 교황을 견제할 수 있도록 했다. 셋째로, 추기경회를 좀 더 그의 편으로 유도했다. 넷째로, 교황이 죽기 전에 획득한 것으로 많은 힘을 얻어 그 독자적인 정책들로 첫 공격에 저항하고자 했다. 알렉산데르 교황이 죽을 무렵에 그는 네 가지 중 세 가지를 성취했다. 네 번째 목표도 거의 성취되어가고 있었다. 그의 손이 닿을 수 있는 한, 정복당한 많은 군주를 죽였다. 그들 중 대부분은 거의 도피하지 못했다. 로마의 귀족들을 자신의 편으로 끌어들였고, 추기경회 내 가장 수가 많은 파벌을 자기 소유로 만들었다. 새로운 영토를 획득하여 토스카나의 지배자가 되고자 했다. 그는 이미 페루자와 피옴비노를 차지하고 있었고 피사를 자신의 보호 아래 두고 있었다. 프랑스는 이미 스페인에 의해 나폴리 왕국에서 내몰렸고, 이로 인해 프랑스와 스페인 둘 모두 공작과의 친선관계를 얻어내야 되는 상황이었으므로 더는 프랑스를 신경 쓸 필요가 없었다. 따라서 피사로 진격할 수도 있었다. 이후 루카와 시에나가 한편으로는 피렌체에 대한 증오로, 한편으로는 두려움으로 즉시 항복했을 것이고, 피렌체는 대항할 방안을 갖고 있지 않았을 것이다. 그가 이 모든 계획을 성공시켰더라면, 공작은 엄청난 군사력과 명성을 차지했을 것이다. 더는 행운과 타인의 무력에 의존하지 않고 오직 자신의 권세와 능력만으로 홀로 설 수 있었을 것이다.

그러나 공작이 칼을 빼어든 지 5년 후 알렉산데르 교황이 죽었다.[31] 교황은 공작에게 로마냐만을 확고하게 물려주었을 뿐, 나머지는 허공에 뜬 상태였고, 가장 강하고 적대적인 두 세력 사이에서 죽을 때까지 몸이 많이 아팠다. 하지만 공작에게는 대담함과 능력이 있었고, 어떻게 하면 사람들을 얻기도 하고 잃기도 하는지를 잘 알고 있었다. 단기간 내에 그가 놓은 기반이 너무나도 견고해서 그가 그들 군대를 배후에 두지 않았거나, 또는 그가 좋은 건강 상태를 유지했더라면, 그는 이 모든 어려움을 극복해냈을 것이다. 그리고 로마냐인들이 한 달 이상 그를 기다려줌으로써 그의 기반이 견고해 보였다. 로마에서는 반죽음 상태였으나 안전했고, 그동안 발리오니 가문, 비텔리 가문과 오르시니 가문이 로마에 왔지만 공작의 그 어떤 것에도 영향을 끼칠 수 없었다. 공작은 자신이 원하는 이를 교황으로 선출되도록 할 수는 없었지만, 최소한 그가 원하지 않는 이가 선출되지 못하도록 막을 수는 있었다. 알렉산데르 교황이 죽었을 때 그가 건강한 상태에 있었더라면 모든 것은 달라졌을 것이다. 율리우스 2세가 교황으로 선출되던 날, 공작은 아버지가 죽을 때 일어날 수 있는 모든

---

31) 교황 알렉산데르 6세는 1503년 8월 18일 열병으로 사망했다.

일에 대해서 생각해두었고 모든 것에 대한 대비책도 마련해두었지만 정작 그의 아버지가 죽었을 때, 그 자신도 죽을 지경에 놓일 것이라고는 단 한 번도 예상치 못했다고 나에게 말했다.[32]

공작의 모든 행동을 상기해보면, 그를 어떻게 비난해야 할지 모르겠다. 그러나 오히려 행운이나 타인의 무력으로 통치체제를 세우려는 모든 이에게 귀감으로 삼도록 제안해야 된다고 본다. 그는 고결한 정신과 원대한 목표를 지녔으므로, 이외의 방식으로 처신하지 않았을 것이다. 단지 알렉산데르 교황의 단명과 공작 자신의 병환이 그의 계획을 좌절시켰을 뿐이다. 따라서 새로운 군주국에서 자신의 위치를 확고히 하기 위해 동료를 얻는 것, 힘과 속임수를 이용해서 극복해나가는 것, 사람들이 그 자신을 사랑하면서도 두려워하게 하는 것, 군인들은 복종하며 존경하게 하는 것, 그를 해칠 힘이나 명분이 있는 자들을 말살시키는 것, 낡은 질서를 새로운 것으로 교체하는 것, 가혹하면서 품위 있고, 관대하며 진취적인 것, 충성하지 않는 군대는 해체시키고 새롭게 조직하는 것, 왕이나 군주들과 열정적으로 도우며 신중하게 공격하는 식으로 친선관계를 지켜나가고자 하는 것 등등 공작의 행동보다 생생한 예를 찾을 수는 없을 것이다.

공작이 비난받을 수 있는 유일한 한 가지는 율리우스 2세의 선출에서 잘못된 사람을 선택했다는 것이다. 이미 언급했던 것처럼, 마음

---

32) 발렌티노 공작이 말라리아에 걸려 거의 죽을 뻔한 사실을 말하고 있다. 마키아벨리는 그와 수차례 만날 기회가 있었다.

에 있는 이가 교황으로 선출되게 할 수 없었다면 그 외에 다른 이가 교황으로 선출되는 것을 막을 수는 있었기 때문이다. 또한 공작은 그가 피해를 입혔다거나 교황이 되면 그를 두려워할 요인이 있는 어떤 추기경의 선출도 허용해서는 안 되었다. 두려움이나 증오는 인간에게 피해를 주기 때문이다. 추기경들 중에 그가 피해를 입힌 적이 있는 이들은 산피에트로 추기경, 콜론나 추기경, 산조르조 추기경과 아스카니오 추기경이었다. 루앙 추기경과 스페인 추기경을 제외한 나머지는 교황이 되었을 때 공작을 두려워했을 것이다. 제외될 수 있었던 것은 루앙 추기경은 프랑스 왕국과 관련이 있어 그의 영향력이 강했기 때문이고, 스페인 추기경은 양국 간의 관계와 의무 때문이었다. 따라서 공작은 무엇보다도 스페인 추기경을 교황으로 만들었어야만 했다. 그렇게 되지 않았을 경우에는, 산피에트로 추기경이 아니라 루앙 추기경이 선출되도록 해야 했다. 저명인사가 된 그들에게 새로운 혜택을 주는 것이 과거의 피해를 잊게 할 것이라고 믿었던 공작은 스스로를 기만했던 것이다. 공작은 선택에 실수를 범했고, 이는 그의 파멸의 궁극적 원인이 되었다.

사악한 방법으로 지배자가 된 군주

비록 두 가지 방법으로 평민의 신분에서 군주의 자리까지 오른다 하더라도, 전적으로 행운이나 능력 중에서 그 어떤 하나의 덕을 본 것이라고도 할 수 없다. 공화국을 논의할 때 훨씬 방대하게 다룰 수 있더라도 이에 대해 침묵하지 말아야 한다는 것은 분명해 보인다. 이 방법들은 어떤 사악한 혹은 비도덕적인 수단으로 군주의 자리에 오르는 방법과 동료 시민들의 지지로 평민이 그 나라의 군주가 되는 방법이다. 첫 번째 방법에 대해 논하면서 하나는 고대, 하나는 현대의 것을 통해 들어본다면, 이 주제에 대해 더는 들어가지 않아도 그러한 방법을 따를 수밖에 없는 이들에게 이 두 가지 사례가 충분할 것이라 생각한다.

시칠리아 사람인 아가토클레스[33]는 평민이었을 뿐 아니라 극도로 비참한 처지에서 시라쿠사의 왕이 되었다. 그는 도공의 아들로서, 모든 운명의 변화를 겪으며 항상 악명 높은 삶을 살아왔다. 그럼에도 그는 그의 악명과 더불어 심신의 탁월한 능력을 지녔고, 군복무에 전념하여, 시라쿠사의 집정관의 지위에 오르게 되었다. 그 자리를 확실히 잡은 후에, 계획적으로 스스로 군주가 되고자 하여 폭력으로 장악하리라 결심하고, 다른 사람에게 부담을 주지 않고, 이 목적을 위해 시칠리아에서 군대를 이끌고 싸우고 있던 카르타고인 하밀카르와 합의하여 그의 계획을 실행할 수 있게 되었다. 어느 날 아침, 그는 마치 공화국과 관련된 일들을 그들과 논의해야 하는 것처럼 시라쿠사의 사람들과 원로원을 소집했고, 정해진 신호에 따라 군인들이 모든 의원과 가장 부유층에 속했던 자들을 살해했고, 이 죽음들로 그는 어떤 시민들의 소동도 없이 군주의 자리를 빼앗아 장악했다. 비록 그는 카르타고인들에게 두 번이나 패했고 결국은 포위당했지만, 그의 도시를 방어할 수 있었을 뿐 아니라, 방어를 위해 병력 일부만을 남겨둔 채, 남은 병력을 이끌고 아프리카를 공격하여 시라쿠사의 포위망을 단숨에 뚫어버렸다. 궁지에 몰린 카르타고인들은 아가토클레스와 협정을 맺을 수밖에 없었고, 시칠리아를 그에게 넘기고 아프리카

---

33) 아가토클레스Agathokles(B.C. 361~B.C. 289)는 시라쿠사의 전제 군주로, 지중해 일대를 전쟁의 도가니로 만들었으나 결국은 손자에 의해 독살당했다.

를 소유하게 된 것으로만 만족해야 했다.

따라서 아가토클레스의 행동과 그의 능력을 고려해본 사람이라면 그가 탁월한 만큼이나 행운의 덕을 보았다고 할 수 있는 것이 아무것도 없거나 거의 없다는 것을 알 수 있다. 앞에서 본 바와 같이, 그는 누군가의 도움에 의해서가 아닌 군 복무 중 수많은 문제와 위험을 겪으며 단계적으로 올라섰고 올라선 이후엔 많은 위험한 상황에서도 이를 대담하게 지켜냈다. 그러나 동료 시민들을 죽이고, 친구들을 속이고, 믿음, 자비, 종교도 없는 것을 재능이라 부를 수는 없다. 이런 방법들은 제국을 얻을 수는 있을지라도, 영광을 얻을 수는 없다. 그래도 위험에 맞서고 그 위기를 모면하는 그의 용기와 고난을 견뎌내고 극복해내는 그의 정신의 위대함을 함께 고려해본다면, 가장 유명한 장군들보다 못하다고 평가받아야 하는지는 알 수가 없다. 그렇지만 그의 악랄한 잔학행위와 그칠 줄 모르는 사악함의 비인간적인 행위가 가장 훌륭한 사람들 사이에서 칭송받을 수 없게 한 것이다. 그가 성취한 것은 행운이나 능력의 결과로도 볼 수 없다는 것이다.

알렉산데르 6세가 통치하는 기간에, 오래전부터 고아가 된 페르모의 올리베로토[34]는 그의 외삼촌인 조반니 폴리아니에 의해서 양육되어 청년 시절 일찍이 파올로 비텔리[35] 밑에서 군무를 익히기 위해

---

34) 페르모의 올리베로토Oliverotto da Fermo(1473~1502)는 당대에 활약한 용병대장이다. 이후에 나오는 사건은 1501년 12월에 일어났으며, 올리베로토는 이듬해 체사레 보르자의 계략에 빠져 비텔로초 비텔리와 함께 살해되었다.
35) 파올로 비텔리Paolo Vitelli(1461~1499)는 당대에 활약한 용병대장이다.

보내졌고, 그의 지도 아래 훈련받아 군대에서 다소 높은 자리에까지 오르게 되었다. 파올로가 죽은 후에는 그의 형인 비텔로초 밑에서 싸웠고, 타고난 기지와 활기찬 정신과 체력을 통해 단시간 안에 군대에서 최고의 지도자 자리에 오르게 되었다. 그러나 다른 사람을 섬기는 일이 보잘것없는 일이라 여겨지자, 그는 페르모의 자유보다는 노예사회를 선호하는 일부 페르모 시민들의 도움과 비텔로초의 지원을 받아 페르모를 장악하기로 결심했다. 그리고 조반니 폴리아니에게, 여러 해 동안 집을 떠나 있어서 외삼촌과 고향을 방문하고 싶고 그가 받을 유산이 어느 정도인지 살펴보고 싶다는 편지를 보냈다. 또한 비록 자신은 명예를 제외한 그 어느 것도 손에 넣으려 애쓰지 않았지만, 자신이 허송세월하지 않았다는 것을 시민들에게 보여주기 위해 자신은 명예로운 방식으로 돌아오길 바라며 이에 그의 친구들과 부하들로 구성된 100명의 기병들과 함께 갈 것이라 했다. 그는 이 모든 것이 단순히 자신의 명예뿐 아니라 자신을 길러준 조반니 그 자신의 명예를 위한 것도 되는 것이므로, 페르모 시민들이 자신을 명예롭게 영접하도록 주선해주기를 조반니에게 간청했다.

그리하여 조반니가 그의 조카를 위해 그 어느 것 하나 주의를 기울이지 않는 것이 없었고, 조카가 페르모 사람들에게 명예롭게 환영받도록 했다. 그리고 조카를 자신의 집에 머물게 했다. 그곳에서 며

칠을 지내며 올리베로토는 그의 사악한 계획을 위해 만반의 준비를 갖추고 성대한 연회를 열어 조반니 폴리아니와 페르모의 지도자들을 초대했다. 성찬과 이러한 연회에서 늘 따르는 모든 여흥이 끝나자, 올리베로토는 교묘하게 어떤 심각한 사안에 대해 이야기하기 시작했고, 알렉산데르 교황과 그의 아들 체사레의 탁월함과 그들의 과업에 대해 이야기하자, 조반니와 다른 사람들이 이에 대해 호응했다. 그러나 그는 별안간 일어나서, 그런 문제들은 은밀한 장소에서 논의해야 한다고 말하면서 다른 별실로 들어갔고, 조반니와 다른 시민들도 그의 뒤를 따라 들어갔다. 그들이 자리에 앉자마자 비밀의 장소에서 군인들이 뛰쳐나와 조반니와 다른 모든 사람을 살해했다. 이렇게 살육을 끝낸 후 올리베로토는 말에 올라타고, 곧장 마을로 들어가 궁 안에 있는 고위 관리들을 포위하고, 사람들을 두려움에 떨게 하여 그를 따르도록 하여 자신을 군주로 하는 정부를 세웠다. 그는 그에게 위해를 입힐 수 있는 모든 불평분자를 죽였고, 새로운 민법과 군법으로 자신의 권력을 굳건히 했으며, 이러한 방법으로 그가 국가를 지배했던 일 년 동안 페르모에서 기반이 확고해졌을 뿐만 아니라, 인접한 국가들에게 두려움의 대상이 되었다. 이미 상기한 바와 같이, 오르시니, 비텔리와 함께 세니갈리아에서 그를 사로잡았던 체사레 보르자의 속임수에 넘어가지만 않았더라면, 그의 파멸은 아가토클레스의 파멸만큼이나 어려웠을 것이다. 외삼촌을 살해한 지 일 년 만에 올리베로토는 용맹함과 사악함에서 그의 스승으로 삼았던 비텔로초와 함께 교살당했다.

아가토클레스와 그와 비슷한 다른 사람들이, 수많은 배반과 잔혹행위를 저지르면서도, 어떻게 그의 나라에서 오랫동안 안정을 누리면서 지탱하며, 외부의 적들에게서 스스로를 방어하며, 시민들의 반란을 겪지 않고 지낼 수 있었는지에 대해, 어떤 이들은 이상히 여길 수도 있다. 많은 다른 경우를 살펴보더라도, 잔인한 행위로는 평화로운 시기에조차 나라를 지켜낼 수 없었고, 전쟁으로 불확실한 시기에는 더욱더 그러했기 때문이다. 나는 이 가혹한 처사가 나쁘게 또는 올바르게 사용되었느냐 하는 심각성에 따라 차이가 난다고 생각한다. 악에 속한 것에 좋게란 말을 사용할 수 있다면, 올바르게 사용되었다고 불릴 만한 것은 한 번의 공격에 쓰이고, 개인의 안전을 위해 필요하며, 그 이후에는 국민에게 유익한 조치가 될 수 있는 경우다. 나쁘게 사용되었다는 것은 그 시작엔 미미했지만, 시간이 흐를수록 감소하지 않고 크게 증가하는 경우이다. 첫 번째 방법을 실행하는 이들은 신의 도움이든 인간의 도움이든, 아가토클레스가 그랬던 것처럼 자신들의 통치를 어느 정도 완화시킬 수 있다. 다른 방법을 따르는 자들이 스스로를 유지시킨다는 것은 불가능하다.

이런 이유로 국가를 점령할 때 강탈자는 자신이 저지를 필요가 있는 모든 피해를 면밀히 검토해야만 하고, 이를 매일 반복되지 않도록 모든 것을 단번에 행해야만 한다는 것이다. 그러므로 사람들을 동요시키지 않는 자가 사람들을 안심시킬 수 있을 것이며, 이익을 줌으로써 그들을 얻을 수 있을 것이다. 겁이 많아서든 아니면 사악한 조언 때문이든, 이와 반대로 행동하는 사람은 항상 손에 칼을 쥐고 다녀야만 한다. 지속적이고 반복되는 잘못들로 인해 그는 국민들을 의존할 수도 없고, 그의 편으로 만들지도 못한다. 가해 행위는 단번에 이루어져야 한다. 그래야 덜 느껴지고 덜 불쾌하게 여겨진다. 혜택을 베풀 때에는 조금씩 주어져야 한다. 그래야 그 풍미가 더 오래 지속될 것이기 때문이다.

그 무엇보다도 군주는, 그의 백성들 가운데 거주해야 한다. 만약 위기 상황이 급작스럽게 발생한다면, 특단의 조치를 취하기에는 너무 늦고 온건한 조치는 도움이 되지 않을 것이기 때문이다. 사람들이 군주에게서 강요를 받는다고 여겨지면, 아무도 자신들을 위해 군주에 대한 의무감을 갖지 않을 것이다.

09
시민형의 군주국

다른 유형의 군주국을 살펴보자. 한 지도자 격인 시민이 국가의 군주가 되는 경우, 사악함이나 어떤 견딜 수 없는 폭력으로서가 아닌, 그의 동료 시민들의 도움으로 군주가 되는 것을 시민형 군주국이라고 부를 수 있다. 이를 획득하기 위해서 전적으로 특별한 재능이나 행운만이 필요한 것이 아니다. 오히려 만족스럽게 상황을 대처하는 기민함이 중요하다. 이러한 군주국은 일반 민중의 도움이나 귀족들의 도움으로 인해 얻게 된다. 모든 도시에서 확연히 구별되는 이들 두 계급이 있다는 것을 알게 되고, 이로부터 민중은 귀족들에게 지배나 억압받길 원하지 않고, 귀족들은 지배하고 억압하길 원하기 때문이다. 이 상반된 두 가지 욕망으로 도시는 세 가지 중 하나의 결과를 얻게 된다. 바로 군주국이거나 자치정부 또는 무정부 상태인 것이다.

군주국은 민중 혹은 귀족에 의해 만들어지는데 그들 중 누가 기회를 잡느냐에 달려 있다. 귀족들은 평민들을 이길 수 없다는 것을 알게 되면 그들 중 한 명의 평판을 치켜세우기 시작해 그를 군주로 만든 다음, 그의 그늘 아래서 자신들의 야망을 충족시킬 수 있다. 민중도 역시 귀족들에 대항할 수 없다는 것을 알게 되면 그들 중 한 명의 평판을 치켜세워서 군주로 만들고, 그의 권력으로 자신들을 보호받으려고 한다. 귀족들의 지지로 지배권을 획득한 군주는 지배를 유지하는 데 민중에 의해 선출되어 군주가 된 이보다 큰 어려움을 겪게 된다. 전자는 스스로를 군주와 동등시하는 여러 귀족에게 둘러싸여 있다는 것을 알게 되고, 이로 인해 그가 뜻대로 그들을 지배하고 감독할 수 없기 때문이다. 하지만 민중의 지지에 의해 통치권자가 된 군주는 자신이 혼자라는 것을, 그의 주변에 방해할 이가 아무도 없거나 복종을 위해 준비되지 않은 소수만이 있을 뿐이라는 사실을 깨닫게 된다.

그 밖에도 공정한 거래로, 타인에 대한 피해가 없이 귀족들을 만족시킬 수는 없지만 민중은 만족시킬 수 있다. 이는 민중의 목표가 귀족들의 그것보다 정당하기 때문인데, 귀족들은 억압하고자 하는데 반해 민중은 단지 억압받는 것을 원하기 않기 때문이다. 게다가 군주는 적대적인 민중을 대항해서 결코 자신의 위치를 지켜낼 수 없다. 이는 민중의 수가 너무 많기 때문이다. 반대로 적대시하는 귀족들에게서는 스스로를 지켜낼 수 있는데, 그들의 수는 적기 때문이다.

적대적인 민중에게서 군주가 예상해볼 수 있는 최악의 사태는 그들의 버림을 받는 것이지만, 적대적인 귀족들에게는 버림을 받는 것뿐 아니라, 군주에 대항하여 반역 행위를 도모할 것을 염려해야 한다. 귀족들은 이런 일들에 있어 더 선견지명이 있고 빈틈이 없기 때문에, 항상 적절한 시기에 그들 자신을 지키면서, 그들이 승산이 있을 것이라 기대하는 이들에게서 도움을 얻기 위해 앞서서 행동한다. 나아가 군주는 항상 같은 민중과 살아야 되지만, 군주가 늘 같은 귀족들이 없어도 잘 살아갈 수 있는 것은, 귀족들에게는 매일같이 직위를 임명하거나 다시 빼앗을 수 있으며, 자기가 원하는 때에 그들에게 권력을 주거나 빼앗을 수 있기 때문이다.

따라서 이 문제를 좀 더 분명히 하기 위해 귀족들을 주로 두 가지 면에서 살펴보아야 한다고 본다. 귀족들이 전적으로 군주의 운명에 결부시킨 방식으로 그들이 삶을 살아가고 있는지, 그렇지 않은지 확

인해야 할 필요가 있다. 그들 자신을 결부시키고 탐욕스럽지 않은 이들은 명예와 더불어 존경해주어야 하고, 그들 자신을 결부시키지 않은 이들은 두 가지 면을 구별해서 취급해야 할 것이다. 그들은 소심함과 타고난 기백이 없으므로 결부시키는 데 실패했을 수 있으며, 그런 경우 군주는 그들을, 특히 훌륭한 조언을 해줄 수 있는 귀족들을 잘 활용해야 한다. 번영하는 동안에는 이들을 명예롭게 하고, 역경의 시기에는 그들이 두려워하도록 만들지 않아야 한다. 그러나 자신의 야심적인 목표 때문에 군주와 함께하기를 꺼리는 경우 이는 군주보다 그들 자신을 더 많이 생각한다는 징표다. 군주는 그런 자들에게서 스스로를 보호해야 한다. 나아가 마치 공공연한 적인 것처럼 두려워해야 하는데, 그들은 역경의 시기에 항상 군주의 파멸을 돕기 때문이다.

한편 민중의 도움으로 군주가 된 사람은 민중과 친선 관계를 유지시켜 나가야 하며, 민중은 단지 억압당하지 않는 것만을 원한다는 것을 알면 이 일은 쉽게 해낼 수 있다. 그러나 민중과 반대편에 있는 귀족들의 도움에 의해 군주가 된 사람은, 그 무엇보다도 먼저 민중을 자신의 편으로 돌리도록 노력해야 하며, 민중을 그의 보호 아래 두고 보살핀다면 쉽게 성취할 수 있을 것이다. 인간이란 자신에게 해악을 끼칠 것이라 예상했던 사람에게서 은혜를 받을 경우 그 은인에게 더욱 가깝게 밀착되기 때문에, 이런 경우 민중의 도움으로 군주의 자리에 오른 이보다 군주에게 더욱 헌신적이 된다. 군주는 여러 가지 방법을 통해 민중의 애착을 얻어낼 수 있지만, 이는 상황에 따라 다양하게 나타나기 때문에 확고한 원칙을 제시할 수 없어 여기서는 생략하도록 한다. 그러나 다시 말하건대, 군주가 민중과 친선 관계를 돈독히 하는 것은 필수적이며, 그러지 않는다면 역경에 처했을 때 난관에 봉착하고 만다.

스파르타의 군주였던 나비스[36]는 모든 그리스와 전승에 도취된 로마군의 공격을 견뎌내고 그들에 대항하여 국가와 정부를 방어했다. 이 위기를 극복해내기 위해 그에게 필요한 것은 단지 소수와 대적하는 것뿐이었다. 만약 민중이 그에게 적대적이었다면 그러한 조치만으로는 충분치 않았을 것이다. 이 의견에 대해 '민중을 기반으로 하는 자는 진흙 위에 집을 건축하는 것과 같다'는 평범한 속담을 인용하여 의문을 제기해서는 안 된다. 이는 일개 평민이 민중의 지지를 기반으로 권력을 장악했을 때, 그의 적이나 관리들에게서 압박받게 되면 민중이 자신을 구해줄 것이라고 믿는 경우에만 적용된다. 그와 같은 경우 로마의 그라쿠스 형제[37]와 피렌체의 조르조 스칼리[38]가 그랬던 것처럼, 그들은 자신들이 민중에게 속았음을 알게 될 것이다. 그러나 민중을 기반으로 해서 군주가 되어 통솔할 수 있는 자는, 용기가 있는 자로서 역경을 두려워하지 않으며 다른 조건에서도 실

---

36) 나비스Nabis(B.C. 205?~B.C. 192)는 마케도니아의 필리포스 5세와 펠로폰네소스 지방을 공략했다. 이후 로마군에 의해 암살되었다.

37) 티베리우스 그라쿠스Tiberius Gracchus(B.C. 163~B.C. 133)와 가이우스 그라쿠스Gaius Gracchus(B.C. 153~B.C. 121) 형제는 로마 공화제 말기의 개혁자로, 호민관으로 선출되어 민중의 편에 서서 활약했다.

패하지 않는 자로 그의 결단력과 기백으로, 모든 민중에게 지속적으로 용기를 줄 수 있어야 한다. 그러한 자는 민중에게 결코 기만당하지 않았다는 것을 알게 되고, 그의 기반이 확고하게 자리를 잡았음을 보게 될 것이다.

이 군주국들은 시민형 군주국에서 전제 체제로 변천되는 기간에는 위험에 봉착되기 쉽다. 시민형 군주는 직접 통치하든가 관리를 통해 통치하기 때문이다. 후자의 경우는 체제가 더 약화하고 매우 불안정해진다. 이는 그것이 관리로서 세워진 시민들의 선의에 전적으로 의존하게 됨으로써 특히 역경의 시기에는, 음모 혹은 공개적인 저항으로 아주 쉽게 체제를 파멸시킬 수 있기 때문이다. 또한 군주는 혼란에 둘러싸인 상황에서는 절대 권력을 시험해볼 기회조차 없다. 시민들과 신하들은 관리들에게 명령을 받는 데 익숙해서 이런 혼란 속에서 군주에게 복종할 마음이 없기 때문이다. 그래서 불확실한 시기에 군주는 믿을 수 있는 사람이 항상 부족할 것이다. 그러한 군주는 평화로운 시기, 곧 시민들이 정부를 필요로 했을 때에 그가 본 것들에 의존할 수 없다. 모두가 군주의 말에 동의하기 때문인데, 그들은 모두 서약하고 죽음이 멀리 있을 때라 그들 모두가 그를 위해 목숨까지도 불사한다. 그러나 역경의 시기 정부가 시민들의 도움을 필요로 할 때, 그가 찾을 수 있는 사람이 거의 없다. 오직 단 한 번만 시험할 수 있는

---

38) 조르조 스칼리Giorgio Scali(?~1382)는 피렌체의 정치가이며, 수공업자들이 일으킨 '촘피의 난Ciompi Revolt'의 지도자였다.

만큼 이 실험은 지극히 위험하다. 따라서 현명한 군주는 모든 부류의 사람과 다양한 상황 속에서도 항상 그의 시민들이 정부와 군주를 필요로 할 수 있도록 하는 방책을 강구해야 하며, 그렇게 한다면 시민들이 항상 그에게 충성한다는 것을 알게 될 것이다.

10
군주국의 국력 측정에 관하여

★

    이러한 군주국들의 성격을 검토할 때 또 다른 점을 숙고해볼 필요가 있다. 이는 군주가 필요할 경우, 자신만의 지략으로 그 자신을 방어할 수 있는 권력을 가지고 있는 것인지, 아니면 항상 타인의 도움을 필요로 하는 것인지 여부다. 이 점을 좀 더 확실하게 하기 위해 나는 자신의 지략만으로 자신을 방어할 수 있는 군주는 풍부한 인력이나 자본으로, 자신을 공격하러 오는 누구든지 그에 대항하여, 전투에 합류시키기 위해 충분한 군대를 일으킬 수 있는 자들이라고 본다. 그리고 항상 타인의 도움이 필요한 군주는 전쟁터에서 적에 대항하여 그들 자신의 모습을 감출 수밖에 없고, 성벽을 피신처로 그들 자신을 방어해야만 하는 자라고 하겠다. 첫 번째 유형에 대해서는 이미 논의했고, 돌아볼 필요성이 있다면 다시 논하도록 하겠다. 두 번째 유형의 군주에게는 충분한 식량 비축과 성벽을 높여 도시를 요새화시키는 것, 그리고 지방을 방어하는 것에 대해서는 유념하지 않는 것 외엔 해줄 조언이 없다. 그의 도시를 잘 요새화하고, 이미 언급된 방법대로 민중의 걱정을 관리해온 군주는, 대단한 주의력을 갖지 않는 한 절대 공격받게 할 수 없을 것이다. 사람은 위험할 것으로 보이는 전투에 언제나 부정적이며, 그의 도시를 잘 요새화하고 그의 시민들에게 미움 받지 않는 군주를 공략하기는 결코 만만치 않은 일이라는 것을 알기 때문이다.

독일의 도시들은 완전히 자유롭고, 주변에는 그들에게 속한 영토가 거의 없으며, 그들에게 적합할 때에는 황제에게 복종한다. 하지만 그들은 황제나 그들에게 인접한 어떤 세력도 두려워하지 않는다. 그들은 모든 사람이 공격해서 취하는 것이 지겹고 힘들 것이라 생각하도록 잘 요새화시켰고, 제대로 갖춘 수로들과 성벽으로 둘러싸여 있었고, 충분한 대포를 보유했으며, 공동 창고에는 일 년 동안 지낼 수 있는 식량과 물, 연료가 항상 보관되어 있다는 것을 알고 있었기 때문이다. 더욱이, 국가의 부담 없이도 평민들의 생활을 안정시키기 위해, 그들은 도시의 활기와 원동력이 되는 그들의 노동자가 있는 지역을 위하여 항상 일거리를 제공한다. 이는 평민들의 생계를 유지할 수 있는 방법이 있다는 것을 의미한다. 또한 군사훈련을 매우 중하게 여기며, 거기에다 이를 유지하기 위해 많은 법령들을 지니고 있다는 것이다.

따라서 강력한 도시를 소유하고 있고, 그 자신을 혐오스럽게 만들지 않은 군주라면 공격당하지 않을 것이고, 만약 누군가가 침략하더라도 결국 수치스럽게 쫓겨날 뿐이다. 이 세상의 일이란 변하기 마련인데, 군대를 어떤 방해도 받지 않은 채로 일 년 내내 전장을 지키도록 하는 일은 거의 불가능하기 때문이다. 누군가 반론을 제기하기를, 만약 시민들이 도시 외곽에 재산을 소유하고 있고, 이들이 불타는 것을 본다면 참을성은 남아 있지 않을 것이고, 지속된 포위 상태와 이기심은 시민들이 군주를 잊게 만들 것이다고 한다면, 이에 대해 나는 강력하고 용감한 군주는 그의 신하들에게 그러한 고난의 사태는 오래 지속되지 않을 것이란 희망을 심어주는 동시에, 다른 한편으로는 적의 잔인함에 대한 두려움을 일깨워 너무 대담해지는 신하들에게서 그 자신을 능숙하게 지켜나감으로써 이런 모든 어려움을 극복할 수 있다고 대답하겠다.

또한 적군은 당연히 도착하는 즉시로 지방을 불태우고 파멸할 것이며, 그때에 시민들은 방어하기 위해 치열해지며 준비 태세를 갖추게 되는데, 따라서 군주가 주저해서는 더욱 안 된다는 것이다. 조금 지나면 정신 상태가 식어져서 피해는 이미 발생했고, 재난에 처하게 되어, 더는 어떤 해결책도 없기 때문이다. 그러므로 군주의 방어로 인하여 시민들의 집은 불타고 재산이 파산되어, 군수는 의무감을 지고 있는 것처럼 되어 시민들은 더욱더 군주와 연합하게 되는 것이다. 인간은 본질적으로 자신이 받은 혜택만큼이나 자신이 베푼 혜택으로도 유대가 이어지기 때문이다. 그러므로 모든 것을 철저히 살펴본다면, 군주가 시민들에게 충분한 식량과 방어 태세를 갖추는 데 실패하지 않는다면, 현명한 군주가 처음부터 끝까지 그의 시민들의 마음을 견고하게 붙잡아두는 것은 어렵지 않을 것이다.

교회형의 군주국

이제는 교회형 군주국에 관해 논의하는 것만 남아 있다. 이 경우 모든 어려움은 국가를 획득하기 전에 발생한다고 본다. 교회 군주국은 역량이나 행운을 통해서 얻게 되지만, 유지시키는 데는 그 두 가지 모두 없어도 되기 때문이다. 교회 군주국들은 고대의 종교 법령으로 유지된다. 이 법령들은 매우 막강하여, 이런 성격의 군주국들은 그들의 군주가 어떻게 처신하고 어떠한 삶을 살더라도 지속되는 특성이 있다. 이곳의 군주들은 혼자서 국가를 소유하지만 방위하지 않으며, 신하가 있지만 통치하지 않는다. 이들 국가는 무방비상태라 하더라도 빼앗기지 않으며, 민중은 통치받지 않지만 염려하지 않으며,

반항하고자 하는 욕망도 없고 능력도 없다. 이런 군주국들은 오로지 안전하고 행복하다.

이들은 인간의 정신이 도달하지 못하는 능력에 의해 유지되는 것이기에 더는 진술하지 않겠다. 하느님에 의해 세워지고 유지되는 것이기에 이에 대해 논의하는 것은 인간의 주제넘고 무모한 행위가 될 것이기 때문이다.

그럼에도 불구하고, 교회가 어떻게 세속적 권력으로 이렇게 강성해졌는지에 대해 묻는 이가 있을지도 모르겠다. 알렉산데르 교황 그 이전의 이탈리아의 강한 통치자들[강한 통치자라 불리던 이들뿐만 아니라 모든 공작, 귀족, 가장 미약한 자들마저도]은 교회의 세속적 권력을 대수롭지 않게 생각해왔다. 하지만 이제는 프랑스 왕도 교회 앞에서 떨 정도가 되었다. 교회는 프랑스 왕을 이탈리아에서 몰아낼 수 있으며 베네치아공화국도 멸망시킬 수 있는 막강한 세력을 가졌다. 이는 매우 분명하게 드러난 일이지만, 이 중요한 점에 대한 기억을 다시 상기시켜 보는 것도 의미가 있는 일이라 사료된다.

프랑스의 샤를 왕(샤를 8세)이 이탈리아에 침입하기 이전의 이탈리아는 교황, 베네치아인들, 나폴리의 왕, 밀라노 공작과 피렌체인의 지배하에 있었다. 이 강한 통치자들에게는 두 가지 주된 불안한 요소가 있었다. 하나는 어떠한 외세도 전투태세를 갖추고 이탈리아에 들어올 수 없다는 것, 또 다른 하나는 그들 중 어느 누구도 영토를 확장할 수 없다는 것이었다. 그중에 가장 심한 경계의 대상은 교황과 베네치아인들이었다. 베네치아인들을 견제하기 위해서는 페라라를 방위했을 때처럼,[39] 다른 모든 세력의 연합이 필요했다. 교황의 세력을 견제하기 위해서 로마의 귀족들을 이용했는데, 그들은 오르시니와 콜론나 두 파벌로 분열되어 늘 분쟁을 일삼았고, 교황의 면전에서 무기를 소지하고 대하여 그의 권위를 약화시키며 무력하게 만들었다.

때로는 식스투스 교황[40]과 같이 용기 있는 교황들이 들고 일어나기도 했지만, 행운으로도 지혜로도 이 난제들에서 자유로울 수는 없었다. 교황의 재위 기간이 짧다는 것도 약점의 요인이 되었다. 교황의 평균 재위기간인 10년 안에 어느 한 파벌을 끌어내리는 것은 어려움이 따랐기 때문이다. 말하자면, 만약 한 교황이 콜론나 파벌을 거의 제압하는 데 성공했다 하더라도, 오르시니 파벌에 적대적인 다른 교황이 등장하여 그들의 반대자들을 지원하게 되고, 오르시니 파벌을 제압시키기에도 시간은 충분하지 않다는 것이다. 이것이 이탈리아에서 교황의 세속적 권력이 거의 경시당했던 이유다.

이후 등장한 알렉산데르 6세는 돈과 권력 이 두 가지만 있으면 얼마나 영향력을 행사할 수 있는지를 교황들 중에서 가장 잘 보여주

---

39) 교황은 베네치아를 견제하기 위해 피렌체와 제휴하여, 1483년에 베네치아의 페라라 점령을 중단할 것을 경고했다.

40) 교황 식스투스 4세Sixtus IV(1414~1484)를 말한다. 그는 시스티나 성당을 세우고 바티칸도 서관을 확장하는 등 학문과 예술을 장려함으로써 문화적으로 업적을 남겼으나, 정치적으로는 이탈리아의 영주들과 심한 갈등에 직면했다.

었다. 교황은 발렌티노 공작의 도움을 통해, 프랑스의 침입을 기회로 삼아, 공작의 행보에 대해 앞에서 언급했던 모든 것을 실행에 옮겼다. 그의 목적은 교회가 아닌 공작의 세력을 확장하는 것이었음에도 그는 교회의 권력 강화에 기여했고, 그의 죽음과 공작의 몰락 이후에도 교회는 그의 모든 수고의 결실을 물려받았다.

이후 율리우스 교황[41]이 즉위했고, 그는 교회가 이미 강력한 힘이 있었고, 로마냐는 모두 차지했으며, 로마의 귀족들은 무력화되어 쇠약해졌으며, 알렉산데르 교황의 징벌로 인해 파벌이 모두 와해되었음을 알게 되었다. 또한 그는 알렉산데르 교황 이전 시대에는 결코 이루어진 적이 없는 방식으로 돈을 축적할 길이 열려 있다는 것을 알게 되었다. 율리우스 교황은 이러한 일들을 따라 행할 뿐만 아니라 더 향상시켜나갔으며, 볼로냐를 점령하고,[42] 베네치아인들을 파멸시키고, 프랑스를 이탈리아에서 추방하기로 작정했다. 이 모든 계획이 성취되었고, 그가 하는 모든 일이 어느 특정 개인을 위한 것이 아닌 교회 권력을 강화시키기 위한 것이 되므로, 그에 대한 명성은 더욱 높아져갔다. 그리고 그는 오르시니와 콜론나 파벌을 이전에 무력한 상태로 그가 정한 범위 안에서 머물도록 했다. 그들 가운데는 반란을 도모하려는 소수의 지도자가 있었지만, 교황은 두 가지만은 굳게 붙잡고 그들을 견제했다. 첫째로 교회의 막강한 힘으로 그들을 두렵게

---

41) 교황 율리우스 2세(Julius II(1443~1513)를 말한다. 식스투스 4세의 조카다.
42) 율리우스 2세 교황은 볼로냐 정복을 추진하기 위해 각 도시마다 원병을 청했는데, 피렌체도 이에 합세하여 마키아벨리를 사절로 보냈다. 볼로냐는 1506년 11월 11일에 점령되었다.

했으며, 둘째로 파벌 사이에서 분란의 원인이었던 그들만의 추기경을 두는 것을 허락하지 않았다는 것이다. 이들 파벌들이 자신들의 추기경을 두게 되면 오랫동안 조용히 지낸 적이 없었는데, 이는 추기경들은 로마 안팎에서 파벌을 조성하고, 귀족들은 이들을 지지하도록 강요받으며, 이처럼 고위 성직자의 야망으로 인해 귀족들 사이에서 분쟁과 소란이 발생하기 때문이다.

이러한 이유들로 레오 교황 성하는 가장 강력한 교황권을 가지게 되었다. 다른 교황들이 무력을 통해 교황권을 위대하게 만들었다면, 그는 자신의 선량함과 헤아릴 수 없이 많은 다른 덕목들을 통해 교회가 더욱 강대해져 존경받게끔 했다.

12
군대의 종류와 용병

처음에 논의하기로 제안한 군주국의 특징들에 대하여 자세히 논의했으며, 그들의 성공과 몰락의 이유들도 어느 정도 고려해 보았으며, 여러 군주가 군주국을 획득하고 유지시키기 위해 추구했던 방법들도 살펴보았다. 이제 내게는 그들 각 군주국에 해당되는 공격과 방어의 수단에 대해 일반적으로 논의하는 일만 남았다.

우리는 앞에서 군주가 그의 기반을 확고하게 쌓는 것이 군주에게 얼마나 필요한지 뿐만 아니라, 만약 필요성을 인정하지 않는다면 군주는 몰락하게 될 거라는 사실을 알게 되었다. 새로운 국가든 오래된 국가든, 군주국이든 복합군주국이든, 모든 국가의 주요 기반은 훌륭한 법과 훌륭한 군대다. 훌륭한 군대가 없는 국가에 훌륭한 법이 있을 수 없다. 훌륭한 군대가 있는 국가가 훌륭한 법을 가지게 된다는 것이다. 따라서 나는 법에 대한 논의는 접어두고, 군대에 대해 이야기해보겠다.

군주가 자신의 국가를 방어하는 데 사용하는 무력은 자신의 군대이거나 용병이거나 외국의 지원군이거나, 혹은 이 셋이 혼합된 형태다. 용병과 지원군은 쓸모가 없고 위험하다. 만약 이들 무력에 기반을 두고 국가를 유지한다면 견고하고 안전하게 통치할 수 없을 것이다. 그들은 분열되어 있고, 야심만만하며, 절제력도 없고, 신뢰할 수 없다. 동지들 앞에선 용맹스럽지만, 적군 앞에선 비겁한 겁쟁이일 뿐이다. 그들은 신에 대한 두려움도 없으며, 인간에 대한 신의도 없다. 그들의 파멸은 적의 공격이 지연되고 있는 한 지연되고 있을 뿐인 것이다. 따라서 평화 시에는 이들에게 강탈당할 것이고, 전시에는 적군에게 그리될 것이다. 실제로 이들을 전장을 지키는 데 끌어들이는 힘과 이유는 하찮은 급여뿐이라서 이것으로는 그들이 군주를 위해 목숨을 걸고 싸우기엔 충분치 않다. 이들은 군주가 전쟁을 일으키지 않는 한, 군주의 군대가 될 준비가 되어 있겠지만, 전쟁이 일어나면 탈영하든가 적에게서 달아날 것이다. 이를 증명하는 것은 문제될 것이 없는 것으로서, 이탈리아의 패망은 다름 아닌 모든 희망을 오랜 기간에 걸쳐 용병들에게 의존한 것이 원인이 되었다. 비록 이전에 용맹을 드러내 보인 적도 있었고 그들 사이에선 용맹스럽게 보였지만, 외국군이 침입하자 그들은 자신들의 진면목을 적나라하게 드러냈다. 이에 손에 분필을 들고 이탈리아를 점령할 수 있게 된 사람은 바로 프랑스 왕 샤를이었다.[43]

그는 우리의 죄가 침략의 원인이 되었다고 말하지만, 사실 그 원인은 그가 생각해낸 그 잘못이 아니라 내가 연관지어 언급한 데 있었다. 그리고 이는 군주의 잘못이었기 때문에, 이에 따른 고통의 대가를 받은 것도 바로 군주다.

이러한 무력의 부적절함을 더 입증해보도록 하겠다. 용병대장들은 유능한 사람이거나, 그렇지 않은 사람일 수도 있다. 유능하다면 그들을 신뢰해서는 안 된다. 그들은 주인인 군주를 억압하거나 군주의 의사와는 반대로 타인을 억압함으로써 항상 그들 자신의 입지강화를 열망하기 때문이다. 그러나 용병대장이 노련하지 못한다면, 늘 그렇듯이 멸망하고 만다.

용병이든지 아니든지 무력을 행사하는 사람이라면 누구나 이와 똑같은 식으로 행동할 것이라고 반론을 제기한다면, 나는 대답하기를 무력이 군주나 공화국에 의해 사용되어야만 할 경우에, 군주는 친히 가서 최고 통수권자의 임무를 수행해야 하고, 공화국은 그의 시민

---

43) 샤를 8세의 이탈리아 원정을 일명 '초크 전쟁'이라 부른다. 이는 프랑스의 장교가 야영지가 될 곳에 분필로 표시하면서 진군했다는 데에서 비롯했다.

을 보내야 하는데, 파견된 시민이 유능하지 못하다면 그를 다시 소환해야 하고, 그가 그 자리에 합당하다고 여겨지면 법적으로 통제하여 지휘권에서 이탈하는 것을 막아야 한다고 하겠다. 경험상 군주와 공화국은 단독으로 최대한의 진보를 이루어내지만, 용병들은 피해만 입게 될 뿐이라는 것을 알 수 있다. 일개 시민이 장악하는 일은 외국군대로 무장한 공화국보다 자신의 군대로 무장한 공화국에서 훨씬 더 어렵다. 로마와 스파르타는 오랜 기간 무력을 갖춘 상태로 자유롭게 지냈다. 스위스는 완벽하게 무력을 갖추었고 매우 자유로운 상태다.

고대 용병들 중 카르타고를 사례로 들어보자. 로마와의 첫 번째 전쟁 이후 그들 자체적으로 시민들의 대장들이 있었음에도 용병들에 의해 억압받았다. 에파미논다스 사후, 마케도니아의 필리포스는 테베인들에 의해서 군대의 대장으로 임명되었는데, 승전 후에는 테베의 자유를 박탈해버렸다. 필리포 공작이 죽은 후에, 밀라노 시민들은 베네치아에 대항해서 프란체스코 스포르차를 고용했다. 그는 카라바조에서 적들을 제압한 후(1448년 9월 15일), 다시 적들과 동맹을 맺고, 그의 고용주였던 밀라노 시민들을 공격했다(1450년). 나폴리의 여왕 조반나에게 고용되었던 그의 아버지 스포르차[44]가 여왕을 무장해제시킴으로 인해, 그녀는 왕국을 지키기 위해 아라곤 왕의 도움을 청할

---

44) 프란체스코 스포르차의 아버지 무치오 아텐돌로 스포르차Muzio Attendolo Sforza(1369~1424)는 1405년에 피렌체의 용병대장으로 피사 전쟁에서 활약했으며, 1414년경에 나폴리 여왕 조반나 2세Giovanna II(1373~1435)의 용병대장이 되었다.

수밖에 없었다.

이전에 베네치아와 피렌체가 용병들의 무력으로 영토를 확장했더라도, 용병대장들이 스스로 군주가 되지 않았으며 이들을 방어해 주었다고 할 수 있다. 피렌체가 운이 좋았던 경우로 나는 보고 있다. 그들에게 두려움의 대상이 될 만한 유능한 용병대장들 중의 일부는 승리하지 못했고, 일부는 압박을 받고 있었으며, 다른 이들은 그들의 야망을 다른 곳으로 돌렸기 때문이다. 승리를 거두지 못한 이 중 하나가 조반니 아쿠토[45]였고, 승리를 거두지 못했기에 그의 충성심을 증명할 수 없지만, 사람들은 그가 승리했더라면 피렌체는 그의 재량권 안에 있게 될 것이라는 것을 인지하고 있었다. 스포르차는 항상 브라치오에 의해 견제를 당했고, 그런 식으로 그들은 서로를 주시했다. 프란체스코는 그의 야망을 위해 롬바르디아로 갔으며, 브라치오[46]는 교회와 나폴리 왕국과 대항했다.

하지만 근래의 일어난 일들로 눈을 돌려보도록 하자. 피렌체는 그들의 대장으로 파올로 비텔리를 임명했는데, 그는 매우 신중한 사람으로, 일개 평민의 신분으로 가장 유명한 신분으로까지 올라선 인물이다. 만약 이 사람이 피사를 점령했다면, 피렌체가 그의 재량권 안에 있게 될 것이라는 것을 누구도 부정할 수 없을 것이다. 만약 그를 그들의 적이 고용했더라면 피렌체는 그에 저항할 능력이

---

45) 조반니 아쿠토Giovanni Acuto(1320?~1394)는 영국 출신의 용병대장이다. 본명은 존 호크우드Sir John Hawkwood이며 1360년에 용병대를 이끌고 이탈리아에 들어갔다. 피렌체와 피사의 전쟁에서는 피사를 위해 일했으며, 전쟁이 끝난 후에는 피렌체의 용병대장이 되었다.

46) 브라치오 다 몬토네Braccio da Montone는 이탈리아의 용병대장으로 페루자와 로마를 점령했으며, 프란체스코 스포르차에 대항하며 싸웠다. 그와 스포르차 가문은 친한 사이였으나, 브라치오가 스포르차를 배신한 후 사이가 변질되었다.

없었을 것이고, 반면에 그와의 관계를 유지했다면 그들은 그에게 복종해야만 했을 것이다.

베네치아인들이 성취해낸 것을 고려해본다면, 그들이 자국민들을 전쟁에 참여시키는 동안은 안전하고 영광스럽게 행동했다는 것을 알 수 있을 것이다. 무장한 자국의 귀족들과 평민들이 용감하게 전쟁에 참전했다. 그러나 이것은 그들의 계획을 내륙으로 돌리기 이전의 일이고, 본토에서 싸우기 시작하면서 베네치아는 이 장점을 저버리고 이탈리아의 전쟁 관습을 따랐다. 내륙에서 확장을 시작했을 때에는, 영토가 아직 많지 않았고, 베네치아인들의 훌륭한 명성으로 인하여 그들의 용병대장을 크게 두려워하지 않아도 되었다. 하지만 카르마뇰라[47]의 지휘 아래 영토를 확장한 후, 베네치아인들은 그들의 실수를 인정해야만 했다. 그들은 그의 지휘하에 밀라노 공작을 격파함으로써 카르마뇰라가 가장 용맹한 자라는 것은 인정했으나, 한편으로는 그가 전쟁에 얼마나 미온적으로 임했는지 깨닫고, 그를 고용해서는 더 이상의 정복은 없다는 것을 염려하게 되었다. 그러나 그들은 그들이 획득한 것을 잃게 될 것이 두려워 그를 해고할 수도 없었다. 그래서 그로부터 자신들의 안전을 지키기 위해서 카르마뇰라를 살해할 수밖에 없었던 것이다.

이후 베네치아인들은 베르가모의 바르톨로메오, 산세베리노의

---

47) 용병대장 카르마뇰라Carmagnola의 본명은 프란체스코 부소네Francesco Bussone(1382~1432)다. 처음에는 밀라노의 비스콘티 가에 속해 있었으나, 후에 베네치아를 위해 활약했다. 1431년 밀라노에 패배한 후, 적군의 부하들을 후대했다는 이유로 사형에 처해졌다.

로베르토, 피틸리아노 백작과 같은 이들을 용병대장으로 삼았지만 누구 아래서든 그들은 승리보다는 패전할 것에 대한 두려움이 있었다. 이후에 바일라 전투에서 일어났듯이, 그들은 한 번의 전투에서 800년 동안 힘겨운 문제들을 이겨내고 획득한 것을 한 순간에 모두 잃어버렸다. 용병으로 얻은 승리는 천천히 오래 걸리며 사소한 것을 얻게 되지만, 잃는 것은 갑작스럽고 거창하기 마련이다.

오랜 기간 용병에 의해 지배받고 있는 이탈리아를 근거해서 내가 제시한 용병들에 관한 예들을 좀 더 진지하게 논의해보고자 한다. 이를 위해 그들의 발생과 성장을 살펴보면, 그들을 대응하는 데 있어 더 준비될 수 있을 것이다. 먼저, 근래에 이탈리아에서는 황제의 권력이 물러감에 따라 교황은 더 많은 세속적 권력을 획득해왔으며, 이탈리아가 많은 국가들로 분열되어 있음을 인식해야만 한다. 이전에 황제의 비호를 받으며 그들을 억압하던 귀족들에 대항하여 많은 대도시들이 무력으로 봉기했을 때에, 교회는 세속적인 능력으로 권력을 얻기 위해 그들을 후원했다. 다른 많은 도시들에서는 그들의 시민이 군주가 되었다. 이로 인해 이탈리아는 부분적으로 교회와 공화국들의 수중에 떨어지게 되었고 교회의 구성원인 사제들과 공화국의 시민들은 군무에는 익숙하지 않아 이 둘 모두 용병들을 고용하기 시작했다.

이러한 용병군대에게 최초로 명성을 안긴 이는 로마냐 사람인 알베리고 다 코니오[48]였다. 그가 군사 훈련으로 배출한 사람 중 브라치오와 스포르차가 당대에 이탈리아의 결정권자가 되었다. 이들의 뒤를 이어 오늘날까지 이탈리아의 군대를 지휘하는 많은 다른 용병대장들이 나오게 되었다. 이들의 용병들에 의해서 이탈리아는 샤를 왕(샤를 8세)에게 침략당하고, 루이 왕(루이 12세)에게 약탈당하고, 페르난도 왕(페르난도 2세)에게 유린당하고, 스위스인들은 습격을 당했다.

이들 용병대장들은 용병에 대한 신뢰를 증대시키기 위해 보병을 축소시켰다. 그들이 그렇게 했던 것은 그들이 고용되어야 살 수 있었기 때문이다. 또한 영토도 없었으므로 많은 병사들을 부양할 수 없었고, 적은 수의 보병은 어떠한 영향력도 행사할 수 없었기 때문이다. 따라서 용병들은 유지하기 적당한 만큼의 병력과 그들의 명성을 위해서 기병대에 의존하게 되었다. 이러한 현상으로 2만 명의 병력 중에 보병은 2,000명 정도에 불과한 수준에 이르게 되었다. 이외에도 그들 자신들과 병사들의 고생과 위험을 줄이기 위해 온갖 수단을 모두 동원했는데, 싸움에서 상대를 죽이지 않고 포로로 잡아서 몸값도 요구하지 않고 풀어주었다. 용병들은 밤에는 도시를 공격하지 않았고, 도시를 방어하는 주둔군들 또한 밤에 야영 중인 부대를 공격하지 않았다. 야영지 주변에 방호벽이나 참호를 만들어 방어하지도 않았

---

48) 알베리고 다 코니오Alberigo da Conio(1349~1409)는 산조르조 부대Compagnia di San Giorgio를 조직하여 이탈리아 군사들에게 엄격한 훈련을 거치게 했다. 여러 전투에서 승리를 거두고 1379년에 교황의 친위대장이 되었다.

고, 겨울에는 군사 행동도 수행하지 않았다. 이 모든 것이 그들의 군법으로 승인되었는데, 내가 언급한 대로 고생과 위험을 피하기 위해 그들이 고안한 것들이었다. 이 용병들이 이탈리아를 노예화시키고 멸시를 받게 하는 결과를 가져왔다.

13
지원군, 혼성군, 자국군

★

지원군이란, 군주가 다른 유력한 군주에게 원조와 방어를 위해 요청했을 때에 고용되는 또 다른 무익한 군대라 하겠다. 최근에 교황 율리우스 2세는 페라라 전투(1510년)에서 자신의 용병들의 빈약한 성과로 인하여 지원군으로 교체하게 되었고, 스페인 왕 페르난도에게 인력과 무력의 지원을 위해 협정을 체결했다. 이 지원군은 그 자체적으로는 유용하고 훌륭하겠지만, 이를 요청한 율리우스 교황에게 이들이 항상 유익한 존재가 될 수 없는 것은, 그들이 패배할 때는 자신도 몰락하게 될 것이고, 그들이 승리할 때는 그들에게 사로잡히게 될 것이기 때문이다.

고대 역사에서도 이러한 사례들이 차고 넘치지만, 근래에 율리우스 2세의 사례를 그냥 지나치고 싶지는 않다. 페라라를 얻기 열망하던 율리우스 2세가 외국 지원군의 수중에 자신의 모든 것을 내맡겼기 때문이다. 그러나 그의 적절한 행운은 세 번째 사건을 가져오게 되어, 교황은 자신의 성급한 선택에 대한 대가를 감수하지 않아도 되었다. 그의 지원군은 라벤나에서 패배했지만, 교황과 모든 이의 예상을 뒤엎고, 스위스가 궐기하여 정복자들을 국외로 몰아냈기 때문이다.[49]

　　그의 지원군이 아닌 다른 군에 의해 정복된 것으로, 교회의 적들은 달아났고, 그는 적의 포로는 물론 지원군의 포로가 되는 것도 모면할 수 있었다. 피렌체는 무력이 전혀 없으므로, 피사를 정복하기 위해 1만 명의 프랑스군을 피사로 보냈고, 이로 인해 어떤 고난의 시기보다도 많은 위험에 처하게 되었다. 콘스탄티노플의 황제는 그의 주변 세력들에 대항하여 1만 명의 터키군을 그리스로 보냈지만, 전쟁이 끝난 후에도 그들은 돌아가려 하지 않았고, 이것이 그리스가 이교도들의 지배를 받는 시초가 되었다.

　　따라서 정복을 원하지 않는 사람이라면 외국의 지원군을 활용해도 좋지만, 이들은 용병들보다 훨씬 더 위험하기 때문에, 이들과 함께라면 패망은 이미 준비된 것으로 봐야 한다. 지원군은 모두 잘 연합되어 있고, 다른 이에게도 복종도 잘한다. 그러나 용병을 이용하여

---

49) 1512년 라벤나 전투에서 연합군은 프랑스의 가스통 드 푸아Gaston de Foix 장군에게 패배했다. 그러나 그가 죽은 후에, 스위스에서 온 2만의 구원병에 의해 프랑스군은 후퇴하여 이탈리아에서 물러가게 되었다.

승리를 거두면, 당신에게 피해를 입히기까지는 더 많은 시간과 절호의 기회가 주어지는 것이 필요하다. 용병들은 모두 같은 지역사회의 주민이 아니고, 당신에 의해 고용되어 보수를 지급받고 있으므로, 당신이 이들을 지휘하도록 임명한 제3세력이 당신에게 해를 입히기에 충분한 권력을 단번에 구축할 수는 없다.

결론적으로, 용병에 있어서는 비겁함이 가장 위험하고, 지원군에 있어서는 용맹스러움이 가장 위험하다. 따라서 현명한 군주는 항상 이러한 군대를 피하고 자신의 군대에 주력한다. 타인의 무력으로 얻는 승리를 진정한 승리로 여기지 않기 때문에, 현명한 군주는 타인의 군대로 정복하기보다는 차라리 자신의 군대와 패배하는 길을 택한다.

나는 주저하지 않고 체사레 보르자와 그의 행적을 사례로 들어보겠다. 공작은 프랑스 군인들로만 이루어진 지원군을 이끌고 로마냐에 입성하여 이몰라와 포를리를 점령했다. 그러나 이후 공작은 이런 무력을 믿을 수 없게 되어 용병으로 대체했다. 그들과 함께하는 것이 덜 위험할 것이라 생각하여, 오르시니와 비텔리를 고용했다. 얼마 지나지 않아 공작은 용병들이 다루는 데 의심스러우며 신뢰할 수 없으며 위험하다는 것을 발견하고, 이들을 없애고 자신의 군대로 교체했다.

지원군과 용병과 자신의 군대 간의 차이는 각각 공작이 누렸던 명성의 차이를 생각해보면 쉽게 알아볼 수 있다. 프랑스 지원군과 있었을 때와 오르시니와 비텔리와 함께했을 때와 자신의 군대를 주력으로 의지했을 때다. 공작은 항상 이들의 충성심을 계산해보았고, 그것이 점차 증가한다는 것을 알게 되었다. 공작이 자신의 군대의 완전한 주인이라는 것을 모두가 알게 되었을 때보다 많은 존경을 받은 적은 없었다.

이탈리아의 사례와 최근의 사례에서 벗어나고 싶지 않지만, 앞서 언급한 이름 중 하나인 시라쿠사의 히에론을 생략하고 싶지는 않다. 앞서 지명했던 바와 같이, 시라쿠사 사람들이 그를 군대의 대장이 되게 했고, 그는 곧 용병 군대가 우리 이탈리아의 용병부대처럼 구성되어 쓸모가 없는 것이라고 깨달았다. 히에론은 이 용병부대를 계속 유지시킬 수도, 해산시킬 수도 없다고 생각하여 그들을 모두 말살시켰고, 이후에는 외국군대 없이 자신만의 무력으로 전쟁을 진행했다.

또한 기억 속에서 이 주제에 적절한 『구약성서』에서의 사례를 상기해보자. 다윗은 사울 왕에게 팔레스타인의 영웅 골리앗과 싸우겠노라 제안했고, 그에게 용기를 북돋우기 위해 사울 왕은 자신의 무기와 갑옷으로 다윗을 무장시켰다. 그러나 다윗은 그것을 걸쳐본 후, 자신에게 쓸모없는 것들이라 말하면서 이를 거절했고, 자신의 투석기와 단검만을 가지고 적과 대결하기를 원했다.[50] 결론적으로 다른

---

50) 『구약성서』 사무엘상 17:1~40 참조.

사람의 무기는 등에서 흘러내리거나, 무겁게 짓누르거나, 너무 심하게 압박할 수 있는 것이다.

루이 11세의 아버지인 샤를 7세[51]는, 행운과 용기를 가지고 프랑스를 영국으로부터 해방시킨 후에, 자신만의 무력으로 군대를 조직해야 하는 필요성을 깨닫고 왕국에 기병과 보병에 대한 군제도를 제정했다. 이후 그의 아들 루이 왕[52]은 보병을 폐지하고 스위스 용병들을 고용하기 시작했다. 다른 이들을 따랐던 이 실수는 오늘날 보듯이 왕국에 대한 위기를 초래하는 결과를 가져왔다. 스위스 용병들의 명성을 높여주면서, 보병을 완전히 해체함으로써 그는 자신의 군대의 사기를 완전히 저하시킨 것이다. 또한 그가 다른 부대에 종속시켜 버린 그의 기병들은, 스위스 용병과 함께 싸우는 것에 매우 익숙해져 있었기 때문에, 그들 없이는 승리할 수 있을 거라고 생각할 수 없었다. 이런 이유로 프랑스는 스위스군에 대항해서 맞설 만한 힘도 없었고, 스위스군이 없이는 다른 세력에게 항거하지도 못했다.

프랑스의 군은 일부는 용병이고 일부는 자국군으로 혼합된 것으로, 이 두 형태의 군이 함께 있는 것이 용병이나 외국군만으로 된 경우보다 훨씬 낫지만, 자신 소유의 군대에는 훨씬 미치지 못한다. 그리고 이 사례가 이를 증명하고 있는데, 샤를 왕(샤를 7세)의 군제도가 확장되고 유지되었다면 프랑스 왕국은 정복할 수 없는 무적의 국

---

51) 샤를 7세Charles VII(1403~1461)는 백년전쟁 시기 프랑스 왕이다. 백년전쟁을 종식시키고 상비군을 창설하여 상비군과 관료제에 기반을 둔 강력한 왕권을 구축해나갔다.

52) 샤를 7세의 아들인 루이 11세Louis XI(1423~1483)를 말한다. 그는 왕권을 중심으로 강력하게 통합된 프랑스 왕국을 구축했으며, 스위스와 용병 고용 계약을 체결했다.

가가 되었을 것이다. 그러나 앞에서 소모성 열병에 대해 언급한 것처럼, 인간의 빈약한 지식은 첫눈에 좋아 보이는 정책을 시행하다 보면 그것에 숨어 있는 독을 식별해내지 못한다. 따라서 국가를 통치하는 군주가 해악이 그의 앞에 드러날 때까지 인식하지 못한다면 그는 진실로 현명하지 않은 것이며, 이러한 통찰력은 오직 소수의 사람에게만 주어진다.

만약 로마 제국 몰락의 첫 징후를 살펴본다면, 이는 단지 고트족을 용병으로 고용하는 것에서 비롯되었다는 것을 알게 될 것이다. 이 시기부터 로마 제국의 활력은 위축되기 시작했고, 제국을 일으켜 세웠던 모든 용맹은 고트족에게로 넘어가는 일이 발생했다.

따라서 자신만의 군대를 소유하지 않고는 어떤 군주국도 안전하지 못하다고 판단된다. 오히려 역경 속에서는 이를 방어할 수 있는 용기는 가지지 못하고 전적으로 행운에 매달리게 된다. '항상 자국의 힘을 바탕으로 세워지지 않은 명성이나 권력처럼 불확실하고 불안정한 것은 없다는 것'이 언제나 현명한 이들의 견해이고 판단이다. 자국이 소유한 군대란 군주의 신하와 시민, 또는 일가권속들로 구성된 집단이고, 그 외 모든 것은 용병이나 지원군이다.

자국군을 조직하는 방법은 내가 앞에서 예시한 네 사람의 군사 조직을 검토하고, 또한 알렉산드로스 대왕의 아버지인 필리포스 그리고 많은 공화국들과 군주들이 어떻게 군대를 갖추고 체계화했는지 고려해본다면 쉽게 알아낼 수 있을 것이다. 나는 이러한 제도에 전면적인 신뢰를 보낸다.

군무에 대한 군주의 임무는 무엇인가

　군주는 전쟁과 군사법칙과 훈련 이외에 다른 목표나 사고를 가져서는 안 된다. 배움에 있어서도 그 어떤 다른 것을 선택해서는 안 된다. 군무軍務야말로 통치하는 자에 속한 독보적인 기술이다. 군주로 태어난 이의 지위를 지켜줄 뿐만 아니라, 평민의 신분에서 군주의 지위로 올려주는 힘이 되기 때문이다. 반면 군주가 군무보다 안락함을 더 추구할 때에는 국가를 잃을 수 있다. 국가를 잃게 되는 첫 번째 이유는 이러한 군무의 기술을 소홀히 하는 데 있다. 국가를 얻게 되는 이유 또한 이 기술에 권위자가 되는 것이다.

　프란체스코 스포르차는 무력 덕분에 일개 평민에서 밀라노 공작이 되었다. 그러나 그의 아들들은 군무의 부담감을 피함으로써 공작에서 평민이 되었다. 여러 가지 해악 중에서도, 특히 무력을 갖추지 않는 것은 군주로 하여금 멸시받게 되는 이유가 된다. 또한 후에 다시 언급하겠지만, 이는 군주를 수치스럽게 만드는 것들 중 하나다. 무력을 갖추는 것과 갖추지 않는 것 사이에는 서로 견줄 수 없는 차이가 있다. 무력을 갖춘 자가 자발적으로 무력을 갖추지 않은 이에게 복종을 한다든지, 무력을 갖추지 않은 자가 무력을 갖춘 신하들 사이에서 안전할 거라는 믿음은 이치에 맞지 않는다. 한편에서는 경멸하고 다른 한편에서는 의심하기 때문에 둘이 함께 협력하여 일을 잘 수행하기란 불가능하다. 따라서 군무에 대하여 이해하지 못하는 군주는 이미 위에서 언급한 다른 불행한 일들을 마주하게 되는 것은 물론, 그의 병사들에게도 존경받지 못하고 군주 또한 병사들에게 의지할 수 없게 된다.

그러므로 군주는 군무라는 주제를 항상 잊어서는 안 된다. 평화로울 때는 전시 상황 때보다 훨씬 더 군사적 훈련을 습관화해야 한다. 군주는 두 가지 방법을 통해 이를 실천할 수 있다. 하나는 행동이고 다른 하나는 연구다. 행동과 관련하여 군주는 무엇보다도 먼저 병사들이 잘 조직되고 훈련되어 있도록 해야 한다. 지속적으로 사냥에 나가 신체를 단련해야 한다. 그 지역의 지형과 특성에 대해 익혀 산이 어떻게 솟아 있는지, 계곡이 어떻게 흘러가고 있는지, 평지는 어떻게 펼쳐져 있는지 등을 알아두어야 한다. 강과 늪의 특성도 터득해야 한다. 그리하여 이 모든 것에 세심한 주의를 기울이도록 해야만 한다.

지리에 관한 지식은 두 가지 면에서 유용하다. 첫째, 군주는 자국에 대한 지형을 알게 되면 완전한 방어태세를 갖출 수 있다. 둘째, 지리에 대한 지식과 관찰력을 수단으로 삼아 이후 그가 접해야 할 필요가 있는 다른 어떤 지역도 쉽게 파악하게 된다. 예를 들어 토스카나 지역에 있는 언덕, 계곡, 평야, 강, 늪은 다른 나라의 지형들과 닮은 점들이 있다. 따라서 한 지역의 지형에 대한 지식을 가진다면 다른 어떤 지역의 지형들도 쉽게 파악할 수 있을 것이다. 이러한 기량이 부족한 군주는 대장에게 요구되는 필수적인 것이 결여된 것이다. 이러한 기량은 군주에게 적을 색출하고, 진지를 구축하고, 부대를 인솔하며, 전열을 가다듬고, 도시를 유리하게 포위할 수 있도록 가르치기 때문이다.

아카이아의 군주 필로포이멘[53]은 역사가들에게 많은 찬사를 받았다. 평화의 시기에도 군무 외에는 그 어떤 것도 염두에 두지 않았다는 점에서 칭송을 받았다. 그는 야외에서도 종종 걸음을 멈추고 "만약 적들이 저 언덕 위를 점거하고 있고 우리가 이곳에 포진해 있

---

53) 필로포이멘Philopoimen(B.C. 253~B.C. 183)은 아카이아 동맹을 주도한 고대 그리스의 명장으로, '그리스 최후의 인물'이라는 평을 듣기도 했다.

다면 누가 더 유리할 것인가? 대열을 유지하면서, 적과 대항하기 위해서 어떻게 최상의 진격을 해나갈 것인가? 만약 우리가 퇴각하고자 한다면, 어떻게 후퇴해야 하는가?"라는 식의 대화를 그의 친구들과 끊임없이 추론했다. 걸어가면서도 군대에 직면할 수 있는 모든 위험에 대해 그들에게 거론했다. 친구들의 의견을 듣고 난 후 원인을 분석하면서 자신의 의견을 제시했다. 이와 같은 지속적인 토론들 덕분에, 전쟁 중에 그가 해결할 수 없는 어떤 예기치 못한 상황들은 결코 일어나지 않게 되었다.

지적 능력을 훈련하기 위해 군주는 역사서를 읽어야 하고, 그곳에서 위인들의 행적을 연구해야 한다. 전쟁에 나아가 그들 자신들이 어떻게 처신했는지 알아보고, 그들의 승패의 원인을 조사하여, 패배하게 만드는 것은 피하고 승리하는 방법을 취해야 한다. 무엇보다도, 자신보다 앞서 칭송받으며 모범이 된 위인들의 행적을 거울삼아야 한다. 알렉산드로스 대왕이 아킬레우스를, 카이사르가 알렉산드로스 대왕을, 스키피오가 키루스를 모방한 것처럼 그들의 업적과 행동을 항상 염두에 두어야 한다. 크세노폰이 저술한 키루스 전기를 읽어본 사람이라면 누구나 훗날 스키피오가 그러한 모방을 통해 어떻게 영광을 성취하게 되었는지 알 수 있을 것이다. 스키피오의 절제, 친절, 인간다움, 관대함이 그가 키루스를 얼마나 모방했는지를 말해

준다.

현명한 군주라면 이러한 규칙들을 준수하고, 평화로운 시기에도 결코 나태하지 않으며, 근면하게 자신이 가진 기략을 증강시킴으로써 역경의 시기에도 이를 사용할 수 있도록 대비해야 한다. 이를 통해 어떤 운명적 변화에도 맞설 준비가 되어 있다는 것을 알게 될 것이다.

15

인간, 특히 군주가 왜 칭송받거나 비난받는가

이제 군주가 자신의 신하들 및 우호적인 세력을 통솔해나가는 데 어떤 규칙이 필요한지 살펴보겠다. 많은 논자[54]가 이 점에 대해 서술했다는 것을 알고 있다. 특히 이를 논의할 때 다른 사람들의 방법에서 너무 동떨어져 있어, 내가 이를 다시 언급한다는 것이 주제넘게 여겨질 수 있겠다는 생각도 든다.[55] 그러나 이 문제를 이해하는 사람에게 유용하도록 쓰는 것이 나의 목적이기 때문에, 내게는 사변적인 변론보다는 문제의 실제적인 사실을 따르는 것이 더 적절해 보인다. 많은 사람들이 실제로는 전혀 알려지거나 목격되지 않은 공화국과

---

54) 군주의 자세에 대하여 이상적으로 논의한 플라톤이나 아리스토텔레스 같은 고대의 사상가들을 비롯해서 당대의 모든 저술가를 지칭한다.
55) 이 대목에서 현실적 측면을 중시하는 마키아벨리의 면모를 엿볼 수 있다.

군주국에 대해 제시하고 있기 때문이다. 사람이 어떻게 살고 있는가와 사람이 어떻게 살아야 하는가는 전혀 다른 문제다. 따라서 마땅히 행해야 할 것을 위해서 실제로 행하는 것을 소홀히 하는 군주는 권력을 지키기보다는 파멸시키는 효과를 낸다. 전적으로 선한 것만을 그의 천명天命으로 삼고 행동하길 원하는 사람은 머지않아 악에 둘러싸여 그가 파멸되는 것을 보게 될 것이기 때문이다. 이에 따라 자신의 권력을 지키고자 하는 군주는 악하게 행하는 법과 필요에 따라서 이를 활용하는 것, 더불어 그렇게 하지 말아야 되는 것을 알아야 한다.

그러므로 군주에 관한 가상적인 것은 제쳐두고 현실적인 것들에 대해 논의해보자. 다른 이들보다 높은 위치에 있는 군주들을 향한 평판에 대해, 칭송받거나 비난받게 되는 그들의 자질에 대해 언급해볼 만하다. 어떤 이들은 관대하다고, 또 어떤 이들은 [토스카나 방언을 쓴다면] 인색misero하다는 평을 들을 것이다[우리의 언어로, 탐욕스러운 사람avaro은 계속 강탈해서라도 소유하기를 원하는 사람을 말한다. 반면 토스카나 방언으로는, 자신의 것을 너무 쓰지 않으려는 사람을 인색한 사람이라고 부른다]. 어떤 이는 관대하고, 어떤 이는 탐욕스러우며, 어떤 이는 잔인하고, 어떤 이는 자애심이 많다. 어떤 이는 신의가 없고, 어떤 이는 신의가 두텁다는 평을 듣는다. 어떤 이는 나약하고 겁이 많다는 평을 듣고, 어떤 이는 담대하고 용감하다는 평을 듣는다.

어떤 이는 상냥하며, 어떤 이는 거만하다. 어떤 이는 방탕하며, 어떤 이는 순결하다는 평을 듣는다. 어떤 이는 성실하며, 어떤 이는 교활하다. 어떤 이는 완고하며, 어떤 이는 너그럽다. 어떤 이는 진지하고 어떤 이는 경솔하다고 하며, 어떤 이는 경건하다는 평을, 어떤 이는 믿음이 없다는 평을 받는다. 선하다고 여겨지는 앞에서 언급된 모든 자질을 군주가 드러낸다면 가장 칭송받을 만한 것이라는 것을 모든 사람이 인정할 것을 나는 알고 있다.

그러나 인간이 처한 상황은 이를 용납하지 않아 이 모두를 완전히 소유할 수도 준수해나갈 수도 없다. 따라서 군주는 자신의 국가를 잃게 할 수도 있는 악행에 대한 비난을 피하는 법을 알아서 가급적 신중하게 대처할 필요가 있다. 또한 가능하다면 국가를 잃게 할 수 있는 악행에서 자신을 지켜야만 한다. 다만 그것이 가능하지 않을 경우 주저함 없이 악행에 그 자신을 던져야 할 것이다. 다시 말해, 오직 이러한 악행 없이 국가를 지키는 것이 어려운 상황이라면 악행으로 초래되는 비난에 대해서 군주 자신이 우려할 필요가 없다. 모든 것을 신중하게 고려해보자. 선행으로 보이는 것들을 행할 때 파멸에 이르게 되는 반면, 악행으로 보이는 것을 행할 때 안정과 번영을 가져오는 경우도 있다는 것을 알게 될 것이다.

16
관대함과
인색함에 대하여

★

앞에서 나열했던 자질 중 첫 번째 것부터 논의하면, 관대하다는 평판을 듣는 것은 좋은 일이라 생각한다. 그렇지만 관대하다는 명성을 얻는 방식으로 행사하는 관대함은 군주에게 피해를 준다. 군주가 관대함을 정직할 뿐만 아니라 제대로 행사한다고 해도, 잘 알려지지 않기 때문에 반대로 비난을 받게 되는 것을 피할 수 없을 것이다. 따라서 사람들 사이에서 관대하다는 명성을 듣기를 원하는 군주는 그의 호화로운 사치에 기댈 수밖에 없는 것이다. 이러한 경향의 군주는 그러한 행동 때문에 모든 재산을 탕진하게 된다. 만약 군주가 관대함이라는 명성을 계속 지키기 원한다면, 결국에는 그의 민중에게 과도한 부담을 안겨줄지도 모른다. 계속해서 세금을 부과하고, 돈을 얻을 수 있는 일이라면 모든 수단을 동원할 수밖에 없게 될 것이기 때문이다. 이는 곧 그의 신하들로 하여금 군주를 혐오하도록 만들 것이고, 종단에는 전체가 빈곤하게 되어 군주는 그 누구에게도 존경을 받기 힘들 것이다. 이처럼 군주의 관대함으로 인해 많은 사람들이 불만을 품게 하고 소수의 사람들만 혜택을 주게 되면, 군주는 많은 곤란을 겪을 뿐만 아니라 결국은 그 자리마저 위태롭게 된다. 군주가 뒤늦게 이를 깨달아 발을 빼려고 해도, 그런 행동을 하는 즉시 인색하다는 비난에 휩싸이게 된다.

이처럼 군주는 자신에게 손해를 입히지 않고서는, 그 어떠한 방식으로도 관대함이라는 선행을 행사할 수 없다. 그러므로 현명한 군주라면 인색하다는 평판을 두려워해서는 안 된다. 시간이 지나면 긴축정책 덕분에 그의 재정이 충분해져 모든 적의 공격에서 그 자신을 방어해낼 수 있을 것이다. 그뿐만 아니라 민중에게 부담을 주지 않으면서도 전쟁을 추진할 수 있다는 것을 알게 되어 그가 더욱 관대하다는 평판을 받게 될 것이다. 이는 결국 군주가 그가 부담을 지우지 않는 대다수의 모든 사람들에게 관대함을 행사한 것이 되고, 그가 특혜를 베풀지 않은 소수의 사람들에게만 인색하게 된 것이다.

인색하다고 평판을 받는 사람들을 제외하면 현시대에 위대한 업적을 이루어낸 사람은 없다. 그 외에는 모두가 실패했다. 율리우스 2세는 교황의 자리에 오르는 데 관대하다는 평판의 조력을 받았지만, 후에는 전쟁을 치르느라 그 평판을 유지하기 위해 별다른 노력을 하지 않았다. 현재의 프랑스 왕(루이 12세)은 그의 오랜 검약함으로 추가 비용을 충당했기에 그의 민중에게 어떤 특별세금도 부과하지 않고 많은 전쟁을 치렀다. 현재 스페인 왕(아라곤 왕 페르난도 2세)이 관대하다는 평판을 들었다면 그렇게 많은 전투에서 승리를 거두지 못했을 것이다. 따라서 군주는 민중의 재산을 강탈하지 않기 위해서, 자신을 방어하기 위해서, 가난하여 극도로 비참해지지 않기 위해서, 탐욕자가 되지 않기 위해서 인색하다는 평판을 듣는 것에 조금도 개의치 말아야 한다. 인색함은 군주가 통치를 가능하게 해주는 악덕 중 하나이기 때문이다.

　　혹자는 율리우스 카이사르가 관대함으로 제국을 얻었고, 다른 많은 이들 역시 관대하다는 평판을 들음으로써 높은 지위에 오르게 된 것이 아닌가 하고 반박할 수도 있다. 이에 대해 나는 당신이 실제 군주가 되었는지, 또는 군주가 되려고 노력하고 있는 사람인지에 따라 다르게 답하겠다. 전자의 경우에는 관대함이란 위험한 것이고, 후자의 경우라면 관대하다는 평판을 듣는 것이 매우 필요하다고 본다. 카이사르는 로마에서 최정상의 자리에 오르고자 했던 사람 중 하나였다. 하지만 그가 집권 이후 소비를 적절하게 줄이지 않았더라면 자신의 정권을 파멸의 길로 이끌고 말았을 것이다. 또 혹자는 이렇게 반박할 수 있다. 매우 관대하다고 여기던 많은 이들이 군주가 되고 군대를 거느리면서 위대한 업적을 많이 달성했다고. 그렇다고 한다면 나는 이렇게 답하겠다. 군주는 자신의 것이나 자신의 신하의 것을 소비하거나 혹은 타인의 것을 소비하게 되는데, 전자의 경우라면 인색해야 하고, 후자의 경우라면 관대해질 기회를 등한시하면 안 된다고 말이다. 전리품과 약탈과 징발로 군대를 지원하는 군주는 타인의 재물을 처분하는 경우 관대함은 필수적이라고 말이다. 그러지 않으면 병사들이 그를 따르지 않게 될 것이다. 더불어 자신의 것도, 자신의 신하의 것도 아닌 것들은 키루스와 카이사르, 알렉산드로스 대왕이 그랬듯 흔쾌히 내어줄 수 있는 사람이 되어야 한다. 타인의 것을 허비한다 해도 이는 군주에 대한 평판을 깎아내리는 것이 아니라 오히려 군주를 더 높여주기 때문이다. 군주에게 해가 되는 것은 오로지 자신의 것을 허비하는 것이다.

관대함만큼 빠르게 소비되는 것은 없다. 심지어 관대함을 실행하는 동안 군주는 관대함을 실행할 힘이 없어지고 빈곤해지거나 멸시받게 된다. 그렇지 않으면 빈곤을 피하기 위해 탐욕스러워지고 미움을 받게 되는 것이다. 군주는 무엇보다도 멸시와 미움을 받는 것에서 자신을 지켜나가야 한다. 관대함은 군주를 이 두 가지 상태로 몰고 간다. 따라서 관대함의 평판을 추구함으로써 일어나는 비난과 미움을 불러오는 탐욕의 이름을 초래하는 것보다는, 미움을 받지 않는 인색함의 평판을 듣는 것이 더 현명한 자라 하겠다.

17

잔인함과 인자함, 사랑을 받는 것과 두려움을 받는 것 중 어느 것이 나은가

앞에서 언급한 다른 자질을 계속해서 살펴보자. 나는 모든 군주가 잔인하기보다는 인자하다고 여겨지기를 원해야 한다고 말하고 싶다. 하지만 군주는 이 관용을 그릇되게 사용하지 않도록 주의해야 한다. 체사레 보르자는 잔인하다는 평을 받았지만, 그의 잔인함이 로마냐를 화해시키고 통일시켰다. 로마냐의 평화와 충성을 회복하게 했다. 이 사실을 제대로 평가해 본다면, 그는 잔인하다는 평을 피하기 위해 피스토이아Pistoia의 파멸을 허용했던 피렌체 민중에 비해 훨씬 더 자비롭게 보일 수 있었다.[56] 그러므로 군주는 신하들의 결속과 충

---

56) 피렌체의 지배하에 있던 도시 피스토이아에서 1501년 한 해 동안 두 파의 권력다툼이 끊임없이 벌어졌다. 이때 피렌체에서는 두 파의 지도자를 추방하여 평화를 되찾으려고 했다. 마키아벨리도 피렌체에서 이 광경을 지켜보게 된다.

성을 유지시키기 위해 잔인하다는 비난을 받는 것을 마음에 두지 말아야 한다. 소수를 본보기로 삼는 조치를 취함으로써 군주는 자비가 너무 지나친 나머지 무질서의 상태를 허용하여 살인이나 강탈이 뒤따르도록 하는 이들보다는 훨씬 더 자비롭게 될 것이기 때문이다. 군주로 비롯된 이 처형은 모든 사람에게 피해를 주지 않으면서, 단지 소수의 개인만을 단죄하는 결과를 가져온다.

특히 신생 군주는, 새로운 군주국이 온갖 위험으로 가득 차 있기 때문에 잔인하다는 비방을 피하는 것이 불가능하다. 이런 이유 때문에 베르길리우스는 여왕 디도의 입을 빌려 신생국 통치의 비인도적 행위에 대해 변명한다. "신생 왕국은 불안하기 그지없고, 아직 미약하여 이 같은 조치를 취하였으며 국경을 철저히 지키게 하였노라."[57]

그렇지만 군주는 지나친 확신으로 부주의하게 만들거나 지나친 불신으로 참을성 없게 만드는 일을 피하기 위해, 너무 믿거나 경망한 행동을 하지 말아야 한다. 두려움을 보여서도 안 된다. 신중하고 자애롭게 절제된 태도로 나아가야 한다.

그런데 여기에서 문제가 발생한다. 두려움을 받는 것이 사랑을 받는 것보다 나은가, 사랑을 받는 것보다 두려움을 받는 것이 더 나은가. 그 둘 모두를 취해야 한다고 답할 수 있을 것이다. 그러나 한 사람 안에 그 둘을 융합시키는 것은 어려운 일이다. 따라서 둘 중 하

---

57) 베르길리우스Publius Vergilius Maro(B.C. 70~B.C. 19)는 고대 로마의 시인으로, 로마의 건국과 사명을 노래한 서사시 「아이네이스Aeneis」를 썼다. 디도Dido는 그리스 신화에 나오는 페니키아의 여왕이며 카르타고를 건설했다고 한다.

나를 버려야만 한다면 사랑을 받는 것보다 두려움을 받는 것이 훨씬 더 안전하다고 생각한다. 인간은 보통 은혜를 모르고 변덕스러우며, 위선적이고 비열하며, 탐욕스럽기 때문이다. 이들은 군주가 성공하는 한 전적으로 군주에게 속한다. 위에서 언급한 것처럼 지금 당장 그럴 필요가 없을 때에는 군주에게 그들의 피, 재산, 목숨과 자식들을 바칠 것처럼 굴다가, 정작 그것들이 필요해질 경우에는 군주에게 등을 돌리기 때문이다. 따라서 이들의 약속에 전적으로 의지하느라 다른 대책을 소홀히 하는 군주는 파멸하게 된다. 정신의 위대함이나 고귀함에 의한 것이 아닌 보상으로 이루어진 우정을 얻는 것은 확실한 측면이 있다. 그러나 이는 안전하지 않으며 필요한 시기에 기댈 수 없다는 약점이 있다. 또한 인간은 누군가에게 위해를 가할 때 두려움을 받는 자보다 사랑을 받는 자에게서 양심의 가책을 덜 느낀다. 사랑은 의리의 관계로 유지되지만, 인간의 비열함 때문에 이익을 얻을 기회가 주어질 때마다 그 관계는 깨지기 십상이다. 반면, 두려움을 받는 군주는 처벌에 대한 공포 때문에 결코 버림받지 않는다.

그러므로 군주는 두려움을 불어넣어 민중에게서 사랑을 받지는 못하더라도 미움을 받는 것만은 피하도록 해야 한다. 미움만 받지 않는다면 오래 기간 지속적으로 두려움을 받는 자가 될 수 있기 때문이다. 이는 군주가 시민들과 신하들의 재산 및 그들의 여자에게 손을 대지만 않는다면 항상 이루어질 것이다.

그러나 누군가의 생명을 취해야 되는 경우, 군주는 반드시 적절한 명분과 명백한 이유를 댈 수 있어야 한다. 무엇보다도 타인의 재산에 손을 대는 일이 없도록 해야 한다. 인간은 자신의 재산을 빼앗기는 것보다 아버지의 죽음을 더 빨리 잊기 때문이다. 게다가 재산을 몰수하는 구실이 결코 부족해서는 안 된다. 일단 한번 강탈로 살아가기 시작한 군주는 항상 타인에게 속한 것을 몰수하기 위한 구실을 찾아내야 할 것이기 때문이다. 반면에 목숨을 빼앗을 명분은 쉽게 찾아내기도 어렵고 이내 사라지기도 한다. 그러나 군주가 자신의 군대를 이끌고 다수의 병사들을 통솔하고 있다면, 잔인하다는 평판쯤은 묵살하는 것이 정말 필요하다. 그러지 않으면 그의 군대가 결코 통합을 유지할 수 없어 군사적 임무를 수행하기 어렵기 때문이다.

한니발[58]의 훌륭한 활약을 보자. 그는 다양한 인종으로 구성된 방대한 군대 조직을 이끌면서 이국땅에서 전쟁을 했지만, 전세가 유리하든 불리하든 병사들 사이의 불화도 군주에 대한 어떠한 알력도 발생하지 않았다. 이는 그의 끝없는 용맹과 비인간적인 잔인함으로 그의 병사들에게 존경과 두려움을 받는 것에서 기인한 것이다. 그러한 잔인함이 없이 그의 다른 덕목들로는 이런 성과를 달성하기에는 충분치 않았을 것이다. 선견지명이 없는 저술가들은 한편으로는 그

---

58) 한니발Hannibal(B.C. 247~B.C. 183?)은 카르타고의 장군으로 B.C. 218년 이탈리아에 침입하여 로마에 입성했다. 그러나 B.C. 202년 자마 전투에서 스키피오가 이끄는 로마군에 패한 뒤 소아시아에서 자살했다.

의 성과를 감탄하면서도, 다른 한편으로는 그의 성과의 주된 이유들을 비난했다. 한니발의 다른 덕목들로는 그에게 충분하지 않았을 것이라는 말이 정확하다는 것을 스키피오[59]의 사례를 통해 입증될 수 있다. 그가 살았던 시대를 포함해 유사 이래 가장 특출한 인물이었던 스키피오였지만, 그의 군대가 그에 대항하여 스페인에서 반란을 일으켰다. 이는 스키피오의 지나친 관용에서 비롯된 것이다. 그는 군율이 허용하는 것 이상으로 병사들에게 너무 지나친 자유를 부여했다. 이 때문에 스키피오는 원로원에서 파비우스 막시무스에 의해 탄핵을 받았고, 로마 군대를 타락시킨 장본인으로 불렸다. 로크리Locris 지역의 주민들이 스키피오가 파견한 특사에게 약탈당하는 일이 일어났지만, 스키피오는 그들의 원한을 갚아주지 않았을 뿐만 아니라 특사의 오만함도 처벌하지 않았다. 이는 전적으로 스키피오의 천성적인 관대함에서 비롯된 일이었다. 원로원의 누군가가 그를 이렇게 변호했다. "많은 사람이 타인의 잘못을 바로잡는 것보다 실수를 범하지 않는 법을 훨씬 잘 알고 있다." 이런 성향을 가진 스키피오가 사령관직을 계속 유지했더라면, 그의 명성과 영광은 유지되지 못했을 것이다. 그러나 원로원의 통제를 받음으로써, 이 해로운 성향이 은폐되었을 뿐만 아니라 오히려 그에게 영예를 안겨주었다.

두려움을 받는 것과 사랑을 받는 것에 대한 문제로 돌아가자. 인

---

59) 스키피오Publius Cornelius Scipio Africanus(B.C. 236~B.C. 184)는 로마의 장군으로 B.C. 202년에 자마 전투에서 한니발을 격파하여 제2차 포에니 전쟁을 종식했다. 그 공로로 '아프리카누스'라는 칭호를 얻었다.

간이란 자신의 의지에 따라 사랑하고 군주의 의지에 따라 두려움을
갖게 된다. 그러므로 현명한 군주는 자신의 권력 기반을 자신의 통제
하에 세워야 한다. 다만 이미 말한 바와 같이 미움을 받는 일만은 피
하도록 노력해야 한다. 이것이 나의 결론이다.

군주는 어떠한 방식으로
신의를 지킬 것인가

　군주가 신의를 지키고 술책을 쓰지 않으면서 온전한 삶을 사는 것이 칭송받을 만한 일이라는 것은 모두가 인정한다. 하지만 우리는 경험을 통해 위대한 업적을 이루어낸 군주들이 신의를 지키는 것을 중요하게 여기지 않았다는 것을 알고 있다. 술책을 통해 사람들의 마음을 조정하는 법을 깨달아 결국에는 성실함에 근간을 두었던 사람들을 능가했다는 것도 알고 있다. 경쟁을 벌이는 데에는 두 가지 방법이 있다. 하나는 법에 의한 것이고 하나는 힘에 의한 것이다. 첫 번째 방법은 인간에게 적합하며, 두 번째 방법은 짐승에게 적합하다.

그러나 대개의 경우 첫 번째 방법만으로는 충분하지 않기 때문에, 두 번째 방법을 활용하는 것이 필요하다. 따라서 군주는 사람과 짐승의 본성을 둘 다 잘 이용할 줄 알아야 한다. 고대의 저술가들은 군주들에게 이를 비유적으로 가르치고 있다. 그들은 아킬레우스와 고대의 수많은 군주들이 반인반수인 켄타우로스족 현자 케이론Cheiron에게 보내져 훈육을 받았다고 묘사하고 있다. 반인반수의 존재를 스승으로 삼았다는 이야기는, 군주라면 이 두 가지 본성을 모두 활용해야 하고, 그중에서 한 가지 방법으로는 권력을 오래 유지하지 못한다는 점을 알아둘 필요가 있다는 것을 의미한다.

그러므로 고의적으로 짐승의 방법을 채택해야 한다면, 여우와 사자를 선택해야 한다. 사자는 덫으로부터 자신을 방어하지 못하고 여우는 늑대로부터 자신을 보호하지 못하기 때문에, 여우가 되어 덫을 찾아내고 사자가 되어 늑대들을 두렵게 하는 것이 필요하다는 뜻이다. 오직 사자의 방식에만 의존하는 자들은 자신의 처지가 어떠한지에 대해 이해하지 못한다. 따라서 현명한 군주는 신의를 지키는 것이 자신에게 해가 될 때와 그 서약을 맺은 이유가 소멸되었을 때, 그 신의를 지킬 수도 없을 뿐 아니라 지켜서도 안 된다. 만약 인간이 전적으로 선하다면 이런 행동 수칙이 유지될 수 없겠지만, 인간은 악하고 신의를 지키려고 하지 않기 때문에 그 약속을 지키는 것에 너무 속박

되지 말아야 한다. 또한 군주에게는 이 위반에 대해 변호할 타당한 이유가 얼마든지 있기 마련이다. 이 점에 관해서는 근래의 수없는 사례들을 제시할 수 있다. 얼마나 많은 조약과 협약들이 신의 없는 군주들로 인해 무효화되고 효력을 상실했는지를 보면 알 수 있다. 여우의 방식을 사용하는 법을 가장 잘 알고 있는 군주가 가장 크게 성공을 거두었다는 것도 알 수 있다.

그러나 이러한 특성을 잘 위장하는 법과 철저하게 가식적이고 위선자가 되는 법을 잘 알아두어야 한다. 인간은 매우 단순하고, 당면한 필요에 매여 있기 때문에 속이고자 하는 사람은 기만당할 누군가를 항상 만나게 될 것이다. 최근 그냥 묵과할 수 없는 한 사례가 있다. 알렉산데르 6세는 사람들을 기만하는 것 외엔 아무것도 하지 않았다. 그 외의 것은 할 생각조차 하지 않았으며, 언제나 피해자들을 찾아냈다. 알렉산데르 6세만큼 자기주장에 더 큰 힘을 가진 사람도, 굳은 맹세로 매사에 단언하는 사람도, 훨씬 더 나쁜 것은 그것을 그보다 못하게 준수한 사람도 결코 없었다. 그럼에도 그의 기만술책은 그가 인간의 이러한 측면을 잘 이해하고 있었기 때문에 항상 성공할 수 있었다.

그러므로 앞에서 나열한 모든 훌륭한 성품을 군주가 전부 갖출 필요는 없지만, 그것들을 갖춘 것처럼 보이게 하는 것은 필요하다.

나는 군주가 그러한 성품들을 갖추고 항상 준수하는 것은 해로울 수 있지만, 그것들을 가진 것처럼 보이는 것은 유용하다고 말하겠다. 자비롭고, 신의가 있고, 인간적이고, 신앙심이 있으며, 정직하게 보여야 한다. 그러나 그것이 필요 없고 더 나아가 그렇게 하지 않는 것이 요구되는 상황이라면, 반대로 변할 준비가 항상 되어 있어야 한다. 군주, 특히 신생 군주는 사람들에게 찬사를 받고 강요되는 모든 것을 지킬 수 없다는 것뿐만 아니라 국가를 유지하기 위해 충실함과 우호적인 것과 인간적이고 신앙적인 것을 거역해야 한다는 것을 이해해야 한다. 따라서 군주는 풍세風勢와 운명의 변화가 요구하는 바에 따라 생각을 바꿀 준비를 해두어야 할 필요가 있다. 하지만 앞에서 언급한 것처럼, 그것을 피할 수 있다면 가급적 선에서 일탈되지 않아야 하며 필요한 경우에는 악을 자행하는 법도 알아야 한다.

이러한 이유로 군주는 앞에서 기록한 다섯 가지 자질로 채워지지 않는 그 어떤 말도 그의 입에서 결코 흘러나오지 않도록 조심해야 한다. 이를 지킨다면 군주는, 자신을 대면하여 경청하는 사람들에게 지극히 자비롭고, 신의가 있고, 인간적이며, 정직하며, 신앙심이 깊다고 보이게 될 것이다. 특히, 이 마지막 자질을 가지고 있는 것을 보여주는 것보다 중요한 일은 없다. 사람들은 일반적으로 손보다는 눈으로 더 판단하게 되는데, 이는 모든 사람에게는 군주를 바라보는 것으로만 국한되어 있고, 소수만이 군주를 실제로 접하기 때문이다. 그러는 한 모든 사람은 군주의 외모만을 본다. 그가 실제로 어떤 사람인지 아는 사람은 거의 없으며, 군주를 실제로 접하는 이 소수는 군주의 권력이 옹호해주는 이 다수의 여론에 감히 반대하지도 못한다. 모든 사람의 행동에 관하여, 특히 군주의 행동에 이의를 제기하는 데 신중하지 않으며, 사람들은 결과로만 판단한다.[60]

이러한 이유로 군주가 정복과 국가를 보존하는 것으로 신뢰를 쌓게 되면 그 수단은 언제나 정직한 것으로 여겨질 것이고, 군주는 모든 사람에게 칭송받게 될 것이다. 평범한 사람들은 항상 외면적인 것과 그 결과만을 받아들이기 때문이다. 세상에는 이러한 평범한 사람들이 존재할 뿐이다. 소수는 다수가 기댈 근거가 없는 경우에만 설득력을 갖기 때문이다.

이름을 밝히지는 않겠지만 현시대의 한 군주[61]는 오직 평화와 신의 외에는 그 어떤 것도 설파하지 않았다. 그는 이 두 가지에 대해 가장 적대적이었으며, 만약 그가 그것을 지켰더라면 그의 명성과 왕국을 여러 번 박탈당했을 것이다.

---

60) '목적을 위해서는 수단과 방법을 가리지 않는다'는 주의로 마키아벨리즘으로 자주 인용되고 있지만, 정작 마키아벨리는 군주가 그런 책략을 쓸 경우는 매우 사태가 급박한 때로 국한하고 있다.
61) 이름을 직접 거론하지는 않았지만 아라곤 왕 페르난도 2세를 일컫는다.

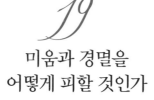

미움과 경멸을
어떻게 피할 것인가

앞에서 언급했던 성품들에 관련하여 중요한 것들에 대해서는 이미 이야기했고, 다른 성품들에 대해 일반적인 관점에서 간단히 논의해보고자 한다. 이제는 군주가 반드시 고려해야 하는, 이전에 어느 정도는 말해온 것이지만, 미움을 받거나 경멸을 받을 만한 것들을 피할 수 있는 방법에 대한 것이다. 군주가 이를 성공할 때마다 그의 역할을 충분히 해낼 수 있을 것이며 다른 비난들로 인한 어떤 위험도 두려워할 필요가 없다.

무엇보다 군주가 미움을 받는 일은 이미 말한 것처럼 탐욕스러운 것과 신하들의 재산과 그들의 여자를 범하는 것이므로 군주는 이 두 가지를 반드시 경계해야 된다. 그들의 재산도 명예도 건드리지 않는 다면 대다수 사람들이 만족하며 살아갈 것이고, 군주는 단지 소수의 야망 있는 자들과만 다투게 될 것이다. 이들은 다양한 방법으로 쉽게 억제시킬 수가 있다.

군주가 변덕스럽고 경박하며 나약하고 비열하며 결단력이 없다고 여겨져 경멸을 받는 것이므로, 암초를 피하듯 이 모든 것으로부터 자신을 경계해야 할 것이다. 또한 군주는 자신의 행동에서 위대함, 용기, 진지함, 강직함을 보이기 위해 노력해야 한다. 그의 신하들로 하여금 군주와 사적인 거래에서도 그의 판단은 변경할 수 없다는 것을 보여주어야 하고, 누구도 군주를 기만하거나 계략을 꾸미려는 희망을 가질 수 없다는 평판을 유지해야 한다. 그 자신에 대해 이런 인상을 심어주는 군주는 크게 존경을 받고, 크게 존경을 받는 군주에 대해서 신하들이 쉽게 반역을 도모할 수 없는 것이다. 군주가 탁월한 인물이며 그의 백성들에게 존경받는다는 것이 널리 알려지게 되면, 그를 침략하는 것이 쉬울 리 없다.

이러한 이유로 군주는 두 가지 두려움을 가져야 한다. 하나는 그의 신하들을 경계하는 대내적인 것이고, 다른 하나는 외부 세력을 경계하는 대외적인 것이다. 후자는 군비를 잘 갖추고 도움을 주는 동맹국들이 있음으로써 방어된다. 군주가 훌륭한 군비를 지니고 있다면 도움을 주는 동맹국들이 있게 될 것이다. 더불어 대외적인 문제가 안정을 유지한다면, [이미 음모로 인해 정국이 혼란한 상황이 아니라면] 대내적으로도 안정을 꾀할 수 있게 된다. 내가 언급한 대로 대외적인 정세가 혼란스럽더라도 대책을 세우고 살아왔다면, 스스로 포기하지 않는 한 스파르타의 나비스가 했던 것처럼 모든 침략에 대항할 수 있을 것이다.

군주의 신하들에 대해 생각해보자. 대외적으로 혼란스럽지 않은 경우에도 군주는 단지 그들이 비밀리에 음모를 꾸미는 것을 두려워해야 한다. 군주는 미움과 경멸을 받는 것을 피하고, 사람들이 그에게 지속적으로 만족하게 함으로써 쉽게 자신의 안전을 지킬 수 있다. 앞에서 상세하게 설명한 바와 같이, 군주는 이 일을 달성하는 것이 절대적으로 필요하다. 음모에 맞서 군주가 가질 수 있는 최선의 효과적인 처리 방안 중 하나는 사람들에게 미움과 경멸을 받지 않는 것이다. 음모를 꾸미는 자들은 언제나 군주를 제거하는 것이 민중을 만족하게 하는 것이라 예상하기 때문이다. 그러나 모반자들이 민중에게 거부감을 주는 일이라고 여긴다면 그와 같은 과정을 진행시킬 용기도 내지 못할 것이다. 모반자들이 맞서야 할 어려움이 셀 수 없이 많기 때문이다. 경험에 비추어봤을 때, 수많은 음모가 있었지만 성공한 음모는 거의 없다. 모반을 꾀하는 자는 단독 행동이 불가능할 뿐만 아니라 불평분자라고 생각되는 사람을 제외하고는 협력자를 구할 수도 없으므로, 불평분자에게 계획을 털어놓는 즉시 그를 만족하게 할 만한 재료를 제공하는 것이다. 그는 모반자를 고발함으로써 얻을 수 있는 충분한 보상을 기대할 수 있기 때문이다. 따라서 고발을 통해서 얻을 수 있는 확실한 이익이 있는 것을 알며, 모반에 가담하여 불확실하고도 위험천만의 이익을 헤아려보고도 모반자와 신의를 지킨다면, 그는 실로 만에 하나뿐인 친구이거나 철두철미하게 완강한 군주의 적임이 틀림없다.

문제의 범위를 간략하게 줄이면, 음모자 편에는 두려움과 질투와 공포스러운 처벌의 가능성만이 있을 뿐이지만, 군주의 편에는 군주국의 위엄과 법률과 우방과 국가의 보호가 있다. 여기에다가 민중의 호의까지 더해진다면, 어느 누구라도 무모하게 음모를 꾸미는 것이 불가능하다. 반면 모반자는 전반적으로 거사를 감행하기 전에 두려움을 가지게 되겠지만, 이 경우에는 감행을 하고난 후에도 두려워해야만 한다. 이는 민중을 적으로 돌림으로써 어떠한 도피도 기대할 수 없기 때문이다.

이 주제에 대한 사례를 들자면 끝이 없겠지만, 우리 선조들의 기억 속에 있는 단 하나의 사례를 들어보겠다. 볼로냐의 군주였으며 현재 안니발레의 할아버지인 안니발레 벤티볼리오는 그에 대한 음모를 꾸몄던 칸네스키에 의해 살해당했고, 어린아이였던 조반니만 살아남았다. 그를 암살한 직후 민중이 봉기하여 칸네스키 가문을 모두 살육했다.[62] 이는 그 당시 볼로냐에서 영화를 누렸던 벤티볼리오 가문에 대한 민중의 호의에서 비롯된 것이었다. 그 호의가 실로 막강하여, 안니발레의 죽음 이후 그 나라를 통치할 수 있는 인물은 그 가문에 한 사람도 남아 있지 않았다. 그러나 볼로냐 사람들은 피렌체에 대장장이의 아들로 불리는 벤티볼리오 가문의 한 사람이 남아 있다는 정보를 입수하고는, 피렌체로 사람을 보내 그를 데려와 도시의 통치권을 위임했다. 그는 조반니가 정권을 인수할 적절한 때가 될 때까지 볼로냐를 통치했다. 이러한 이유로 나는 군주가 민중에게 존경을 받고 있는 한, 음모에 대해 염려할 필요는 없다고 생각한다. 그러나 민중이 군주에게 적대적이고 그에 대한 혐오감을 지닐 경우에는 모든 일과 모든 사람을 두려워해야 한다.

질서 정연한 나라와 현명한 군주는 귀족들을 실망시키지 않고, 민중이 충족하여 자족할 수 있도록 매사에 주의했다. 이것이 군주가 할 수 있는 가장 중요한 임무 중 하나이기 때문이다. 현시대에 질서와 통치체계가 가장 잘 이루어진 왕국은 프랑스다. 이 나라에는 국왕의 자유과 안정에 기반을 둔 훌륭한 제도들이 많다는 것을 알 수 있

---

62) 안니발레 벤티볼리오Annibale I Bentivoglio(1415~1445)는 당시 실질적으로 볼로냐를 다스리던 통치자로, 1445년 6월 24일에 바티스타 칸네스키Battista Canneschi에게 암살당한다. 그 직후 민중의 저항에 의해 칸네스키 가문은 살육되고 만다. 민중의 호의를 받는 군주에 대한 반란이 얼마나 무모한지 보여준 사건이다.

다. 그중에서도 가장 으뜸이 되는 제도는 바로 고등법원[parlement]과 그 막강한 권위라 하겠다. [63] 왕국을 창제한 사람은 귀족의 야심과 그들의 분방함을 알았으며, 이 제도를 도입하여 그들의 입에 재갈을 물림으로써 귀족들을 속박시킬 필요가 있다고 생각했다. 반면에 민중이 귀족들에 대하여 두려움으로 인한 미움을 품고 있는 것을 알았으므로 이들을 보호해주고 싶었지만, 이것이 왕의 특별한 관심사가 되는 것을 원하지 않았다. 이에 민중의 편이 된다는 이유로 귀족들이 하는 비난과 귀족들의 편이 된다는 이유로 민중의 비난을 떨쳐버리기 위해 왕은 재판제도를 도입하게 되었다. 이 제도로서 왕은 비난의 대상이 되지 않으면서, 귀족들은 누르고 민중을 보호하고자 했다. 이보다 더 신중한 조치와 왕과 왕국의 안보를 위한 더 훌륭한 제도는 없을 것이다.

이로부터 또 다른 중요한 결론에 이를 수 있는데, 군주는 비난을 받을 일은 타인에게 떠넘기고, 영광이 되는 일에는 자신이 직접 관여하는 것이 좋다는 것이다. 나아가 나는 군주는 귀족들을 소중이 여기되 민중의 미움을 사지 않아야 된다고 생각한다.

로마 황제들의 생애와 죽음을 검토해본 사람들 중 다수에게 나의 견해와 상반된 예증[例證]이 있는 것으로 생각되기도 할 것이다. 황제들 중에는 고귀한 삶을 살았으며 정신적으로 위대한 품격을 갖추었음

---

63) 1254년경 프랑스에서 루이 9세가 창설했다. 왕의 권위 있는 명에 의하여 소집, 집결되었다.

에도 제국을 잃거나 음모를 꾸민 부하들에게 목숨을 잃었다는 것이다. 이러한 반론에 대한 답이 되길 바라면서, 나는 그 황제들의 성품을 상기[번호]하여 보고, 그들의 파멸의 원인이 내가 주장한 바와 다르지 않음을 보이려 한다. 이와 동시에 그 당시의 사건에 대해 연구하는 사람들에게 주목할 만한 행적들을 숙고할 수 있도록 제시하려고 한다. 나는 철학자 마르쿠스 아우렐리우스부터 막시미누스에 이르기까지 로마 제국을 계승한 황제들을 모두 고찰한다면 충분하다고 본다. 마르쿠스 아우렐리우스와 그의 아들 콤모두스, 페르티낙스, 율리아누스, 셉티미우스 세베루스와 그의 아들 카라칼라, 마크리누스, 헬리오가발루스, 세베루스 알렉산데르와 막시미누스 등의 황제들이다.

　가장 먼저 주목할 점은, 다른 군주국에서는 군주가 귀족의 야망과 민중의 무례함에 대해서만 맞서야 했지만, 로마 제국에는 군인들의 잔인함과 탐욕을 견뎌야 하는 세 번째 난관이 도사리고 있다는 점이다. 이 문제는 어렵고 힘든 것으로 이 때문에 많은 황제들이 패망했다. 군인과 민중을 동시에 만족시키는 일은 어려운 일이기 때문이다. 민중은 평화를 사랑하기에 현실에 안주하는 온화한 군주를 원했지만, 군인들은 용감하고 잔인하며 탐욕스러운 호전적인 군주를 원했을 뿐만 아니라 이러한 자질들을 민중에게 행사해주길 원했다. 그들은 그렇게 함으로써 급료를 배로 받으며 자신들의 탐욕과 잔혹함을 분출할 기회를 갖고자 했던 것이다. 이런 이유로, 타고난 것이거나 길러진 것[64]으로나 막강한 권력을 유지하지 못한 군주들은 반드시 몰락의 길을 걸었다. 대다수의 황제들은, 특히 새로 군주의 자리에 오른 자[65]는 이 두 가지 상반된 성향의 어려움에 직면하게 될 때에 군인들을 충족시키려는 경향이 있었을 뿐 민중에게 피해를 주는 것은 별로 개의치 않았다. 이 과정은 필요한 것으로 군주가 누군가에게 미움을 받는 것은 불가피하기 때문이다. 우선적으로 모든 이에게 미움을 받는 것은 피해야 하지만, 그러지 못할 경우에는 가장 세력 있는 자들의 미움을 받는 것을 피하도록 최선의 노력을 해야만 한다. 따라서 경험 부족으로 인해 특별한 호의가 필요했던 이 군주들은 민중보다는 군인의 편에 더 가까이 서게 되었다. 이러한 방책이 군주에게 유익한지 여부는 군주가 이들 가운데서 자신의 권위를 유지하는 법을 알고 있는지에 따라 결정된다.

이러한 이유로 인해 마르쿠스 아우렐리우스[66]나 페르티낙스, 세베루스 알렉산데르는 겸손한 삶을 살았고 정의를 사랑했으며 잔혹함을 적대시했고 인도적이고 온화했음에도 마르쿠스 아우렐리우스를 제외하고는 비극적인 최후를 맞이했다. 마르쿠스 아우렐리우스만이 홀로 남아 명예롭게 살다가 사망했다. 그는 세습 작위로서 왕위를 계승받았고, 이 과정에서 군인이나 민중에게 어떠한 신세도 지지 않았

---

64) 타고난 것은 선천적인 운명과 천부적인 자질을 말하며, 길러진 것은 후천적으로 축적된 경험이나 연마된 기술 등을 의미한다.

65) 여기서는 특히 평민의 신분으로 군주의 자리에 오른 자들을 지칭한다.

66) 마르쿠스 아우렐리우스Marcus Aurelius(121~180) 황제는 스토아 철학자로 유명하며, 『명상록』을 저술하여 남겼다.

다. 그 후에도 여러 가지 덕목으로 존경을 받았으며, 그가 재위하는 동안에는 군인이나 민중이 항상 그들의 위치에서 질서를 지키도록 하고 미움이나 경멸도 받지 않았다.

그러나 페르티낙스[67]는 군인들이 바라는 것에 반하여 황제가 되었다. 군인들은 콤모두스 황제 치하에서 부도덕한 삶에 익숙해져 있었으므로 페르티낙스가 그들을 절제시키기 위해 부여한 삶을 견딜 수가 없었다. 이로 인해 그는 미움을 받게 되었고 그의 노령도 경멸을 받는 데 한몫하여 정권 초기에 타도되고 말았다. 여기에서 주목해야 할 점은 선행도 악행만큼 증오를 불러올 수 있다는 것이다. 따라서 앞에서 언급한 것처럼, 자신의 국가를 유지하고자 하는 군주는 빈번하게 악을 행하도록 강요당한다. 자신의 권력을 유지하는 데 필요하다고 생각하는 조직[민중이나 군인이나 혹은 귀족]이 부패했을 경우, 그들의 성향을 인정하고 그들을 만족시켜야 한다. 이러한 상황에서 선한 행위는 오히려 해가 될 것이다. 이제 세베루스 알렉산데르[68]의 경우를 살펴보자. 그는 지극히 선량한 사람으로, 그에 관해 기록된 칭송 가운데 하나로 재위하는 14년 동안에 재판 없이 처형을 당한 사람이 한 명도 없었다는 사실을 들 수 있다. 그런데도 그는 어머니의 지배를 받고 있는 나약한 이로 인정되어 군대의 음모에 의해 살해당하고 말았다.

---

67) 페르티낙스Pertinax(126~193)는 마르쿠스 아우렐리우스의 아들 콤모두스가 살해당한 후 원로원에서 황제로 선출되었지만, 193년 군인들에게 살해당했다.

68) 세베루스 알렉산데르Severus Alexander(207?~235)는 222년에 헬리오가발루스가 살해된 후 황제가 되었다. 원로원과 소통이 원활하여 문치주의 정책을 펼쳤다.

이제 상반된 성품을 지닌 콤모두스, 셉티미우스 세베루스, 카라칼라와 막시미누스를 보면, 이들이 모두 잔인하고 탐욕스러운 사람이란 것을 알 수 있을 것이다. 그는 군인들을 만족하게 하기 위해 민중을 상대로 여러 가지 부당한 일을 자행함에 있어 주저하지 않았다. 그 결과 셉티미우스 세베루스를 제외한 모두가 불행한 최후를 맞게 된다. 비록 민중은 그로 인해 탄압을 받았지만, 셉티미우스 세베루스[69]는 매우 용맹하여 군인들과 우호적 관계를 유지했고 성공적인 통치를 해나갔다. 그의 용맹은 군인들과 민중이 감탄하여 바라볼 지경이었다. 민중은 놀랍고 경외할 만한 것으로, 군인들은 존경하며 만족할 만한 것으로 여겼기 때문이었다. 셉티미우스 세베루스의 행동은 신생 군주로서 매우 탁월한 것이기 때문에, 그가 얼마나 여우와 사자를 모방하는 것을 잘 알고 있었는지에 대해 간략하게 보여주고자 한다. 앞에서 언급했던 것처럼 이러한 기질은 군주가 모방할 필요가 있다.

율리아누스의 태만함을 알게 된 셉티미우스 세베루스는 군대의 대장으로서 슬라보니아Slavonia[70]에 있는 그의 군대를 로마로 진격하게 하여 그의 친위대에 의해 살해당한 페르티낙스의 죽음에 복수하도록 설득했다. 이러한 명분으로 셉티미우스 세베루스는 왕좌에 대한 야욕을 드러내지 않은 채 군대를 로마로 출동시켰다. 그가 출발했다는 사실이 알려지기도 전에 이탈리아에 도착했다. 그가 로마에 도착하

---

69) 셉티미우스 세베루스Septimius Severus(145~211)는 북아프리카 출신으로, 수하의 도나우 군단에 의해 황제로 선포되었다. 이후 로마로 진군하여 근위대원을 해산하고, 친위대원을 편성하여 각지의 정적을 청산하고 독재권을 행사했다.

70) 오늘날 크로아티아 동부지역. 로마 제국 시기에는 일리리아인과 켈트족이 거주했으며, 로마인에게는 판노니아Pannonia로 불렸다.

자 공포에 질린 원로원은 그를 황제로 선출하게 되었고 율리아누스를 처형해버렸다. 이후에 셉티미우스 세베루스는 모든 제국의 황제로 군림하고자 했지만, 그에게는 두 가지의 난관이 버티고 있었다. 하나는 아시아에서 자신을 황제라고 자칭하는 아시아군 사령관 니게르[71]였으며, 다른 하나는 서쪽에서 역시 왕좌를 노리고 있던 알비누스였다. 셉티미우스 세베루스는 양자 모두에게 적대적 입장을 표명하는 것은 위험하다고 여겨서 니게르는 공격하고, 알비누스에게는 기만책을 쓰기로 결정했다. 그는 알비누스에게 친서를 보내 자신은 원로원에 의해 황제로 선출되었으나 기꺼이 알비누스와 지위를 공유할 의향이 있으며 '카이사르(Caesar)'의 칭호를 주고, 나아가 원로원은 알비누스를 그와 동료로 결정했노라고 했다. 알비누스는 이 일을 사실로 받아들였다. 그러나 셉티미우스 세베루스는 니게르를 정복하여 죽이고 동방지역의 사태를 평정한 이후 로마로 돌아와서 원로원에 항의하기를, 알비누스가 그가 받은 혜택을 인정하지 못하고 오히려 배반하여 자신을 죽이려고 시도했고 이 배은망덕함으로 인하여 알비누스를 처단할 수밖에 없다고 했다. 이후 셉티미우스 세베루스는 프랑스에서 알비누스를 만나서 그의 정권과 생명을 빼앗게 된다.[72] 그러므로 셉티미우스 세베루스의 행동을 주의 깊게 살펴본 사람은 그는 가장 용맹스러운 사자이자 가장 교활한 여우라는 것을 발견할 수

---

71) 페스켄니우스 니게르Pescennius Niger(?~194)는 185~186년 갈리아의 군단을 지휘했으며, 189년경 콘술(집정관)이 되었다. 콤모두스가 죽은 뒤 내란을 틈타 시리아에서 그의 군단에 의해 제위에 추대되었으나, 이수스 전투에서 셉티미우스 세베루스에게 패배하여 살해되었다.

있을 것이다. 셉티미우스 세베루스는 모든 이에게 두려움의 대상이 자 존경의 대상이었으며, 군인들의 미움을 받지도 않았다는 점을 알 게 될 것이다. 신생 황제가 된 사람이 그렇게 제국을 잘 통치할 수 있 었다는 것에 놀라지 않을 수가 없다. 그의 지대한 명성이 폭정으로 인해 민중이 그에 대해 품을 수 있는 미움에서 항상 보호해주었기 때 문이다.

그의 아들 카라칼라[73] 역시 탁월한 자질을 갖춘 인물이었다. 민 중이 보기에 칭송받을 만했으며, 군인들도 인정할 수밖에 없는 인물 이었다. 그는 호전적인 사람으로 난관을 잘 이겨냈으며, 음식을 즐기 는 것과 다른 일체의 호사스러움을 경멸하는 사람이었기에 군인들에 게 인기를 얻었다. 그러한 반면 그의 흉포함과 만행은 전대미문의 것 으로, 수없이 많은 개별적 살인 후에도 로마의 민중 대다수와 알렉산 드리아의 모든 주민을 살해할 정도였다. 그는 온 세상의 미움을 받게 되었고, 그의 측근에 있는 자들마저 공포에 떨게 했다. 결국 그는 그 의 군대 한가운데서 한 백부장에 의해 살해당하고 말았다. 이러한 죽 음에서 주목해야 할 점은 단호한 결의와 결사적인 용기를 가지고 계 획적으로 감행하는 것을 군주들이 피할 도리가 없다는 것이다. 죽음 을 두려워하지 않는 자라면 누구나 그러한 일을 실행에 옮길 수 있 기 때문이다. 그러나 그들은 극히 희귀한 자들로서, 이에 대해 군주

---

72) 클로디우스 알비누스Clodius Albinus(150?~197)는 세베루스에 격파당하여 프랑스 리옹으 로 달아나다가 스스로 목숨을 끊었는데, 셉티미우스 세베루스는 그의 시체 위에 말을 타고 달려 시체를 훼손하는 극도의 잔인함을 보여주었다.

73) 본명은 세베루스 안토니누스Severus Antoninus(188~217)이지만 카라칼라Caracalla라는 별 명으로 더 알려졌다.

는 크게 심려하지 않아도 된다. 군주는 단지 자기의 신하들이나 공직을 수행하고 있는 그의 측근들에게 카라칼라가 행했던 것처럼, 과도한 피해를 입히지 않도록 주의하면 된다. 카라칼라는 여기에 주의를 기울이지 않았을 뿐만 아니라 오히려 오만하게 이 백부장의 형제를 살해했으며, 또한 그를 매일같이 협박했음에도 그가 여전히 자신의 호위를 맡게 했다. 나중에 밝혀진 것처럼, 이는 경솔한 행동이었으며 그의 몰락으로 그것이 입증되었다.

이제 콤모두스[74]의 경우를 살펴보자. 그는 제국을 유지시키기가 매우 쉬웠을 것이다. 마르쿠스 아우렐리우스의 아들로 태어나 제국을 계승받아 그저 아버지의 발자취를 밟아서 민중과 군인들을 만족하게 하면 되었기 때문이다. 그러나 천성적으로 잔인하고 야수적인 인물로서 군인들을 유흥으로 이끌어 타락시켰으며, 이를 위해 민중을 강탈하며 제멋대로 굴었다. 게다가 황제의 존엄성을 지키지 않고 종종 검투장으로 내려가 검투사들과 겨루었고, 극도의 비도덕적인 다른 행위들로 황제의 품위를 훼손하여 군인들도 적대적으로 변하게 만들었다. 민중의 편에서는 미움을 받고 군인들 편에서는 경멸을 받아 결국 음모에 의해 살해당했다.

막시미누스[75]의 성품에 대해 논의하는 일이 남았다. 그는 매우 호전적이었고, 세베루스 알렉산데르의 나약함에 넌더리를 내던 군

---

74) 콤모두스Commodus(161~192)는 마르쿠스 아우렐리우스 황제의 아들이다. 여러 가지 암투와 침략으로 인해 제국의 쇠퇴를 가져오게 되며, 결국 192년에 황제답지 못한 태도에 혐오감을 가진 한 무명의 검투사에게 죽임을 당했다.

인들은 그를 살해하고 막시미누스를 황제로 추대했다. 재위 기간이 길지는 못했는데, 이는 두 가지 이유로 미움과 경멸을 받았기 때문이었다. 하나는 그의 출신이 미천하여 트라키아 지방의 양치기였다는 사실이며[이는 모두에게 잘 알려진 바이며, 모두가 이를 매우 수치스럽게 여겼다] 다른 하나는 황제로 즉위할 때 로마로 가서 제위에 오르는 것을 연기했다는 것이다. 또한 그는 극도로 흉포하다는 평판을 얻었는데, 로마와 제국의 모든 곳에 있는 그의 지방장관들을 통해 많은 잔혹 행위를 했고, 이로 인해 모든 세상이 그의 비천한 출신에 분노하고 그의 만행을 두려워하게 되었다. 그리하여 먼저 아프리카가 반란을 일으켰고, 그 다음에는 원로원과 로마의 민중이 합세하여 반기를 들었고, 마침내는 이탈리아 전역에 걸쳐 퍼져나갔으며, 그 자신의 군대마저도 가세하게 되었다. 이는 군대가 아퀼레이아를 포위하고 공략함에 있어 어려움에 봉착하게 되었을 때 그의 잔혹함에 군대가 격분했다. 그를 적대시하는 자들의 수효가 많다는 것을 알게 된 후 그에 대한 두려움이 사라진 군인들이 결국 그를 살해하고 말았다.

나는 제위에 오르자마자 누구에게나 경멸을 받아 신속하게 제거가 된 헬리오가발루스와 마크리누스와 율리아누스에 대해서는 논의하지 않겠다. 그러나 현시대의 군주들은 군인들에게 과도한 만족을 주기 위해 겪는 어려움이 훨씬 적어졌다는 것으로 담론의 결론을 내

---

75) 막시미누스Maximinus Thrax(173?~238)는 트라키아의 농민 출신으로, 세베루스 알렉산데르의 암살 후 군인들의 신망을 얻어 황제로 추대되었다. 최초의 군인 황제다. 다뉴브 지방을 정벌했으나, 원로원을 무시하여 공적(公敵)으로 선언되고, 이탈리아 진군의 도상에서 아들과 함께 부하의 손에 살해당했다.

리겠다. 그럼에도 그들에게 얼마간의 관용을 베풀어야 했고, 그것이 이내 시행되기도 했다. 로마 제국의 군대가 그랬던 것만큼, 지금의 군주들은 지역을 통솔하고 행정업무를 전담하는 군대를 보유하지 못했다. 따라서 이전 시기에는 민중보다 군인에게 만족을 줄 필요가 있었던 반면에 지금은 튀르크와 술탄[76]을 제외한 모든 군주에게는 군인보다 민중을 만족시킬 필요가 있다. 이는 민중의 세력이 더 강력해졌기 때문이다.

앞에서 나는 튀르크를 예외로 두었다. 항상 군주를 보필하고 있는 1만 2,000명의 보병과 1만 5,000명의 기병에게 왕국의 안전과 세력을 의존하는 튀르크에서는 민중에 대한 모든 배려는 무시한 채, 이들과 친선관계를 도모하는 것이 필수적이었다. 술탄의 왕국도 이와 유사하다. 국가가 완전히 군인들의 수중에 있기 때문에, 마찬가지로 민중을 무시하고 군인들과의 친선을 유지해야만 했다. 그러나 술탄의 국가는 다른 모든 군주국과는 상이하다는 점에 주목해야 한다. 이는 마치 기독교의 교황권 제도와 유사하여, 세습 군주국이나 신생 군주국이라 할 수 없기 때문이다. 이전 군주의 아들들이 승계자가 되는 것이 아니고 선거권이 있는 이들에 의해 군주가 선출되며 그 아들들은 그저 귀족으로 남게 된다. 이것은 오랜 관습으로 이어져왔다. 신생 군주국이라 불릴 수가 없는 것은 신생 군주국이 직면하게 되는

---

76) 튀르크와 이집트의 이슬람교 군주는 자국의 군사력으로 인해 안정되어 있었다.

난제들이 없기 때문이다. 비록 군주는 새로운 인물이지만 국가의 제도는 오래된 것이라서, 이는 새로운 군주가 마치 세습 군주인 것처럼 받아들이도록 구조되어 있다.

본론으로 돌아가 이미 언급된 것을 상기하자. 미움이나 경멸이 앞에서 지명한 황제들에게 치명적이었다는 것을 알게 될 것이다. 또한 그들 중 일부는 이런 방법으로, 일부는 저런 방법을 통해 행동했지만, 각각의 방법에서 단 한 명만이 행복한 결말을 맞이하고 나머지는 불행한 일이 발생했다는 것을 깨닫게 될 것이다. 신생 군주인 페르티낙스와 세베루스 알렉산데르가 왕국의 계승자였던 마르쿠스 아우렐리우스를 모방한 것은 무익하고 위험한 것이었다. 마찬가지로 카라칼라, 콤모두스와 막시미누스는 셉티미우스 세베루스를 모방하여 완전히 파멸의 길로 들어섰다. 이는 그들에게는 셉티미우스 세베루스의 발자취를 따를 만한 충분한 용기가 없었기 때문이다. 따라서 신생 군주국의 신생 군주라면, 마르쿠스 아우렐리우스의 행동을 모방할 수 없고 셉티미우스 세베루스를 따라할 필요도 없다. 다만 군주는 건국에 필요한 점에 대해서는 셉티미우스 세베루스에게서 배워야 하고, 이미 안정되고 굳건한 국가를 유지하기 위해서는 마르쿠스 아우렐리우스의 적절하고 훌륭한 점을 배워나가야만 한다.

20

군주가 하는 요새 건축과 그 외의 것들은
유익한가, 유해한가

일부 군주들은 국가를 안정적으로 유지하기 위해 민중의 무장을 해제시키고, 어떤 군주들은 파벌 싸움으로 도시를 분열시키고, 어떤 군주는 자신들에 대한 적의를 조성하기도 하며, 어떤 군주는 자신의 정권 초기에 신뢰하지 않았던 자들을 자신의 편으로 끌기 위한 회유책을 펴기도 했다. 또한 어떤 군주는 요새를 구축하기도 하고, 어떤 군주는 도리어 요새를 무너뜨리고 파괴했다. 이러한 방책들을 취한 국가들의 특정한 사항들을 고려하지 않고서는 이 모든 것에 대한 최종 판단을 내릴 수는 없겠지만, 문제의 사안이 허용하는 범위 내에서 포괄적인 논의를 하고자 한다.

　신생 군주들은 민중의 무장을 해제하는 일이 결코 없었다. 비무장 상태인 것을 알 때에는 도리어 무장을 시켰다. 이들을 무장시킴으로써 이 병력은 군주의 것이 되고, 군주를 불신하던 사람도 충성하게 된다. 또한 충성한 사람들은 지속적으로 충성하게 되고, 결국에는 민중이 군주의 지지자로 변한다. 한편 모든 민중에게 무장을 시킬 수 없을 때에는 군주가 무장을 시키는 사람들에게 특혜를 부여한다. 그러면 나머지 사람들은 좀 더 손쉽게 다룰 수 있게 된다. 이 둘의 혜택의 차이점에 대해서는 그들도 당연히 이해하는 바이며, 전자는 군주에게 더욱 충성하게 되고, 후자는 가장 위험한 일에 종사하며 격무에 시달리는 사람들이 가장 많은 보상을 받을 필요가 있다고 여기므로 군주를 탓하지 않게 된다. 그러나 군주가 민중의 무장을 해제시킨다면, 그들에 대한 불신을 나타내는 것으로 단번에 그들에게 악한 감정을 불러일으킨다. 그것의 이유가 비겁하거나 충성심을 원하거나 어떤 경우든지 이러한 생각은 군주에 대한 미움만 야기하게 된다. 또한 군주는 비무장인 채로 있을 수 없게 되어, 이미 앞에서 논의한 바 있는 특성을 가진 용병제도에 관심을 갖게 된다. 설령 훌륭한 용병일지라도 강력한 적군이나 불신하는 민중을 상대로 군주를 방어해주기에는 충분치 못하다. 따라서 내가 말한 것처럼, 신생 군주국의 신생 군주는 항상 무기를 제공해야 한다. 역사는 그러한 실례들로 넘쳐난다. 그러나 군주가 새로운 영토를 획득하여 기존의 국가에 병합되는 경우에는, 병합을 도운 그의 지지자였던 이들을 제외하고는 새로운 영토의 주민들의 무장을 해제시킬 필요가 있다. 그리고 병합을 도운 자들도 시간과 기회가 주어지는 대로 나약하고 무력하게 만들어야 한다. 나라의 모든 병사는 기존 국가의 군주 측근에 있는 자로서 군대를 조직하는 방식을 취해야 할 것이다.

우리 선조들, 그중에서도 현인들은 피스토이아는 파벌의 분쟁을 통해서, 피사는 요새를 통해서 통치되어야 한다고 말해왔다. 이 때문에 그들은 종속된 도시들에 분쟁을 조성하여 보다 쉽게 통치할 수 있었던 것이다. 이 방책은 이탈리아가 어느 정도 평화의 균형을 유지했던 시대에는 매우 적절했다. 하지만 오늘날의 교훈으로 받아들이기는 힘들다. 파벌로 인한 분열정책이 더는 유용하다고 보지 않기 때문이다. 오히려 분열된 도시로 적이 침략해오면 이를 쉽게 잃을 것이 확실시된다. 가장 세력이 약한 파벌은 항상 외부 세력에 동조하기 마련이고 다른 파벌은 이를 저항할 수 있는 힘을 보유하고 있지 않기 때문이다. 내가 아는 바로, 베네치아인들은 앞에서 언급한 이유에 영향을 받아 종속된 도시들에서 교황파(겔프파)와 황제파(기벨린파)라는 두 파벌을 조성했다. 비록 유혈사태에 이르도록 허용하지 않았지만, 베네치아인들은 이들 사이의 분란을 잘 조장하여, 다른 파벌로 분열된 시민들이 그들에게 저항하기 위해 서로 단합하지 못하게 했던 것이다. 이후 우리가 보았듯이, 이 방책은 베네치아인들이 예상한 대로 진행되지 않았는데, 바일라 전투에서 완패한 후에 그 종속되었던 도시들 중 일부(베로나, 비첸차, 브레시아, 파도바 등)가 용기를 얻어 단번에 베네치아의 모든 영토를 점령해버렸기 때문이다. 이러한 방법은 군주의 약점을 입증하는 것으로 강력한 군주국에서 분열 정책은 절대로 허용되지 않는다. 이는 민중을 더욱 쉽게 관리할 수 있도록 해주는 방책의 일환으로서, 평화 시에 한해서만 유용할 뿐이며 전쟁이 일어나게 되면 이러한 방책이 잘못되었다는 것이 여실히 드러나게 된다.

군주가 직면하게 되는 고난과 시련을 극복해내면 위대해진다는 것에는 의심할 여지가 없다. 운명의 신이 특히 신생 군주를 위대하게 만들고자 할 때에는, 세습 군주보다 명성을 얻을 필요성이 있으므로, 적들이 발흥하게 하고 그에게 대항하는 계획을 기획하여, 이들을 시의 적절하게 극복해내고 적들이 쌓아올린 사다리를 밟고서 그들을 통해 더 높은 곳으로 올라서게 한다. 따라서 현명한 군주는 기회가 찾아왔을 때 술책을 써서 그에 대한 어떤 적대감을 조장해야 하고, 이를 격파시킴으로써 그의 명성을 더 높아지게 해야 할 것이다.

군주는 특히, 신생 군주는 통치 초기에 신뢰하던 사람들보다 신뢰하지 않던 사람이 더 충성스럽고 유용하다는 것을 알게 된다. 시에나의 군주였던 판돌포 페트루치[77]는 다른 누구보다도 자신이 불신하던 사람들을 기용하여 국가를 통치했다. 그러나 이 문제는 개별적으로 많은 차이가 나기 때문에 일반적으로 논의할 수는 없다. 내가 말할 수 있는 것은, 정권 초기에 군주에게 적대적이었던 자들이 만약 그들 자신의 생계를 위해 도움이 필요한 것으로 보인다면 매우 손쉽게 군주의 편으로 끌어들일 수가 있다는 것이다. 더불어 이들이 군주에게 그들이 심어 놓은 나쁜 인상을 행동을 통해 상쇄하는 것이 필요하다는 것은 아는 한 충성스럽게 철저히 군주를 섬길 것이다. 또한 군주는 너무나 지위가 확고부동하여 업무에 소홀히 하는 자들보다 이들에게서 항상 더 많은 이익을 창출해낼 수 있다. 문제의 중대성으로 인하여 군주에게 경고해야 할 상황도 있다. 지지자들의 도움으로 새로이 권력을 얻게 된 군주는 반드시 그를 지지해준 사람이 도움을 주게 된 이유에 대해서 잘 생각해보아야 한다. 그 이유가 군주에 대한 자연스러운 친밀감이 아닌 그들의 전 정권에 대한 불만 때문이었다면, 군주가 이들과 우호적인 관계를 유지하는 데 많은 문제와 난관에 봉착하게 될 것이며, 이들을 만족시키는 일은 불가능하기 때문이다. 고금의 역사에서 취할 수 있는 사례들을 통해 이에 대한 이유를

---

77) 판돌포 페트루치Pandolfo Petrucci(1452~1512)는 르네상스 시기 시에나 공화국의 통치자였다. 지지자들에게 공직을 팔거나 나누어줌으로써 시에나의 최고 권력자가 되었지만, 한편으로는 여러 적을 두게 되었다. 그러나 정적을 제거한 후에는 완전한 독재자로서 공직 매매 행위를 더는 하지 않게 된다.

유추해본다면, 군주는 전 정권 아래서 만족했으며 그의 적이었던 자들을 우호적인 관계로 만드는 것이, 거기에 만족하지 못하여 그에게 호의적이 되었고 정권을 장악하는 데 힘을 실어준 이들과 우호적인 관계가 되는 것보다 훨씬 쉽다는 것을 알게 될 것이다.

국가를 보다 안정적으로 유지하기 위해 요새를 구축하는 일이 군주들에게 관습처럼 되었는데. 반역을 도모하는 이들에게는 재갈과 굴레의 역할을 하고, 불시에 공격을 받을 때에는 피난처가 되기도 한다. 이전부터 유용하게 사용되었기 때문에, 나는 이 장치에 대해 찬사를 보낸다. 그렇지만 현시대의 니콜로 비텔리[78]는 국가를 지키기 위해 치타 디 카스텔로의 두 요새를 철거했다. 우르비노 공작 구이도발도[79]는 체사레 보르자에게 쫓기다가 자신의 영토로 돌아오는 길에서 그 지역에 있는 요새들을 완전히 파괴했는데, 요새가 없으면 그 지방을 빼앗기지 않을 것으로 판단했기 때문이다. 벤티볼리오 가문도 볼로냐로 돌아오며 이와 같은 방책을 취했다.[80] 따라서 요새들은 상황에 따라 유용하기도 무용하기도 하다. 한편으로는 유익이 되기도 다른 편에서는 유해하기도 한다. 이 물음에 대해 이러한 결론을 지을 수 있을 것이다. 외부의 적보다 민중을 더 두려워하는 군주라면 요새를 구축해야 하고, 민중보다 외부의 적을 더 두려워하는 군주라면 이를 구축하지 않아야 한다. 프란체스코 스포르차가 지은 밀라

---

78) 니콜로 비텔리Niccolo Vitelli(1414~1486)는 용병대장으로 메디치가의 지지를 받았다. 그는 1474년 교황 식스투스 4세에 의해 치타 디 카스텔로에서 추방되었지만, 1482년에 복귀하여 교황이 세운 요새들을 파괴했다.

79) 구이도발도 다 몬테펠트로Guidobaldo da Montefeltro(1472~1508)를 말한다. 그는 체사레 보르자에 의해 두 차례(1502년과 1503년)에 걸쳐 우르비노 공작의 지위를 잃었다. 그러나 알렉산데르 6세 교황이 사망한 후인 1504년에 복귀했다.

노 성은 도시의 그 어떤 혼란보다도 스포르차 가문의 분쟁의 원인이 되었고, 앞으로도 그럴 것이다. 이런 이유로 최선의 요새는 민중에게 미움을 받지 않는 것이다. 군주가 요새를 가지고 있더라도 민중이 그를 미워한다면 요새가 그를 구해내지 못한다. 군주에 대항하여 민중이 무기를 들고 일어나도록 조력하는 외부 세력이 반드시 나타나기 때문이다. 현시대에는 이런 요새들이 군주들에게 도움이 되는 경우를 본 적이 없다. 예외가 있다면 배우자인 지롤라모 백작이 죽임을 당했을 때에 포를리 백작부인의 경우다. 그녀는 민중이 공격하자, 요새가 피난처가 되어 밀라노의 지원을 기다릴 수 있었고 나라를 도로 찾게 된다. 또한 당시의 상황은 외부 세력이 민중을 도울 수 없는 상황이었다. 그러나 이후 체사레 보르자가 그녀를 공격했을 때 그녀의 적이었던 민중은 외부 세력과 동맹을 맺었고 요새는 그녀에게 도움이 되지 못했다. 따라서 그때에도, 그전에도 그녀에게는 요새를 갖추고 있는 것보다 대중들에게 미움을 받지 않는 것이 더 안전했을 것이다. 이 모든 것을 고려해보면, 나는 요새를 구축한 군주에게도 그러지 않은 군주에게도 찬사를 보낼 것이며, 요새를 믿고 민중에게 미움을 받는 것에 경각심이 없는 군주는 비난받을 만하다 할 것이다.

---

80) 벤티볼리오 가문은 1506년에 율리우스 교황에게 추방당했다가 1506년에 복귀하여 교황이 세운 성곽을 파괴했다.

21
군주는 명성을 얻기 위해 어떻게 행동할 것인가

군주가 대규모의 원정遠征 기획과 탁월한 전례를 보여주는 것보다 더 큰 명성을 얻는 일은 없다. 현시대에는 스페인의 현재 국왕인 아라곤 가문의 페르난도가 이에 속한다. 그는 대체로 신생 군주라고 일컬어지고 있었으며, 약소국의 군주로 시작하여 자신의 명성과 영광으로 기독교 국가들 가운데서 가장 유명한 왕이 되었기 때문이다. 그의 행동을 살펴본다면, 모든 것이 훌륭하고 그들 중 어떤 것은 범상치 않음을 알게 될 것이다. 그는 통치 초기에 그라나다Granada를 공격했고(1492년 1월 4일), 이 원정이야말로 그의 지배력의 근간根幹이 되게 했다. 이를 방해에 대한 두려움 없이 순조롭게 진행할 수 있었던 것은, 그가 카스티야의 제후들이 전쟁에 전념하게 함으로써 반역에 대한 어떤 생각도 갖지 못하도록 했기 때문이다. 그러는 동안에 제후들은 이런 수법으로 그가 그들에 대한 세력과 지배력을 확고하게 키우고 있다는 것을 알아차리지 못했다. 그는 로마 교회와 민중의 돈[81]으로 군대를 유지할 수 있었고, 이 장기간의 전쟁을 통해 그의 명성에 일조한 군사기술에 대한 기반을 공고히 다질 수 있었다. 나아가 더 큰 계획을 착수하기 위해 항상 종교를 구실로 삼았고, 경건한 것처럼 보이는 잔악성으로 무어인[82]들을 국외로 추방하고 제거했다. 이보다 더 참혹하고 보기 드문 예는 없을 것이다. 그는 동일한 명분으로 가장하여 아프리카를 공격하고, 이탈리아에까지 진군했으며, 마침내는 프랑스를 공격했다.[83] 이런 그의 원정의 기획과 성취는 항상 위대했으며, 민중은 이에 관련한 사태에만 몰두하게 했고, 항상 긴장과 감탄에 사로잡혀 있었다. 그의 행동은 이런 방식으로 끊임없이 이어져서 민중으로 하여금 그를 지속적으로 대항하여 행동을 취할 만한 시간적 여유를 일체 불허했다.

밀라노의 군주인 베르나보[84] 공작에 연관된 것과 유사한 특별한 전례를 설정하는 것은 군주가 국내 정치에서 매우 유익하다. 그는 기회가 주어질 때마다, 평민들의 삶에서 누구라도 선악 간에 비범한 행

---

81) 일대 종교전쟁이었던 무어인들과의 전쟁에서 그라나다를 공격하기 위해서 가톨릭 신도들이 모금한 교회의 기부금을 말한다.

82) 15세기경 이베리아 반도에서 이슬람교도를 이르던 말이다. 표면적으로 그리스도교로 개종한 유대인은 마라노Marrano라고 불렸다. 원래는 스페인어로 '돼지' 또는 지저분한 사람을 뜻한다.

동을 하게 되는 것으로 보상을 하거나 처벌을 했는데, 이는 많은 사람에게 화제가 될 만한 것이었다. 무엇보다도 군주는 반드시 행동 전반에 걸쳐 그 자신이 위대하고 주목할 만한 인물이라는 평판을 얻기 위해 분투해야 한다.

또한 군주는 진정한 친구가 되거나 철저한 적이 되거나 할 때에 존경받게 되는데, 이는 당당하게 한편을 지지하고 다른 편에 반대하는 자신의 입장을 정확히 밝히는 경우를 말한다. 이러한 행동 방침은 언제나 중립의 위치에 서 있는 것보다 많은 유익을 가져온다. 인접한 두 명의 강력한 군주들 간에 무력적 다툼이 발생하여 그들 중 하나가 승리하게 된다면, 그들이 가진 기질로 인하여 두려워할 존재가 될 수도 아닐 수도 있기 때문이다. 이러한 경우에 군주는 자신의 확고한 입장을 표명하고 전쟁에 참여하여 분투해나가는 것이 더 많은 유익이 될 것이다. 우선적으로 두려워할 존재가 승리하는 경우에, 군주가 자신의 입장을 밝히지 않는다면 예외 없이 승자의 희생물이 되고, 패자에게도 기쁨과 만족을 주게 될 것이다. 이에 제시할 수 있는 어떤 변명도, 자신을 방어하거나 보호해줄 자도 없게 될 것이다. 승자는 역경의 시기에 도움을 주지 않는 신뢰하지 못할 자와 동맹을 원치 않을 것이고, 패자도 군주가 기꺼이 손에 무기를 들고 그의 운명에 동참하지 않았기 때문에 그를 받아들일 리가 없을 것이기 때문이다.

---

83) 1509년 페르난도 2세는 오랑에서 트리폴리까지의 북아프리카를 정복했고 튀니지와 알제리의 두 왕국이 속령이 되게 했다. 그 후 나폴리 왕국을 공략하고, 1512년에 피레네 지방의 나바르 왕국을 점령하게 된다.

84) 당대 밀라노의 군주이자 롬바르디아 지방의 세력가였던 베르나보 비스콘티Bernabo Visconti(1323~1385)를 말한다.

안티오코스가 그리스를 침공했다. 이는 로마인들을 몰아내기 위한 아이톨리아인의 요청에 의한 것이었다. 그는 로마의 우방이었던 아카이아인들에게 사절을 보내 중립적 입장을 취해줄 것을 권했다. 반면에 로마인들은 아카이아인들에게 자기들 편에서 무기를 들도록 권고했다. 그래서 아카이아인들은 이 문제를 총회에서 논의하게 되었는데, 안티오코스의 특사는 중립을 지켜줄 것을 촉구했다. 이에 로마의 특사는 다음과 같이 대답했다. "아카이아인들이 전쟁에 개입하지 않는 것이 더 좋은 일이고 더 유익할 것이라고 한 것에 대해 말하자면, 이보다 더 잘못된 정보도 없을 것이다. 전쟁에 개입하지 않는다면 아카이아인들은 승자의 포상인 호의나 배려는 있을 수 없고 승자의 전리품이 될 뿐입니다."

이렇게 우방이 아닌 자는 군주의 중립적 입장을 요구하는 반면에 우방에서는 무기를 들고 개입하기를 간청하는 일이 항상 일어난다. 이에 결단력이 없는 군주는 현재의 위험을 피하고 일반적으로 중립의 길을 선택하지만 대부분의 경우 멸망하게 된다. 그러나 군주가 확고하게 어느 한 편에 서게 될 때에, 그와 동맹을 맺은 자가 승리하게 되면, 승자는 강력해지고 군주의 운명이 그의 수중에 있게 되더라도, 그는 군주에게 신세를 진 상태로 우호적인 관계로 결속될 것이다. 인간은 그러한 상대마저도 압박하여 배은망덕함의 표본이 되도록 몰염치하지는 않는다고 본다. 특히, 정의에 입각한 배려마저도 무시할 정도의 완벽한 승리란 있을 수 없다. 그러나 만약 동맹을 맺은 자가 패배하게 된다면, 군주는 그에 의해 보호받을 수 있고 그는 힘이 미치는 한 군주를 도울 것이며 행운의 동반자로서 다시 일어날 수도 있을 것이다.

두 번째 경우로서, 싸우는 그 둘 중에 누가 승리하든 군주가 두려워할 대상이 되지 않는다면, 동맹을 맺는 것에 훨씬 더 신중을 기해야 한다. 다른 편을 도움으로써 또 다른 편의 파괴를 돕는 것이기 때문에, 군주가 현명하다면 승리하는 자를 돕게 될 것이다. 그리고 승리하는 데 있어서 군주의 도움이 없이는 불가능했으므로, 그는 군주의 재량권 안에 있게 된다. 여기에서 유의해야 할 점은 군주는 이미 언급한 대로, 필요성에 의해 강요된 경우가 아니라면 다른 국가를 공격할 목적으로 자신보다 강력한 군주와 동맹을 맺지 않도록 주의해야 한다는 것이다. 만약 그가 승리하게 되면 군주는 그의 재량권 안에 있게 되는데, 군주는 누군가의 재량권 안에 있게 되는 것을 가능한 한 피해야 하기 때문이다. 베네치아인들은 밀라노 공작에 대항하기 위해 프랑스와 동맹을 맺었고(1449년), 그들의 몰락의 원인이 된 이 동맹을 그들은 피할 수도 있었다. 그러나 동맹을 피할 수 없을 때에는, 교황과 스페인이 롬바르디아를 공격하기 위해 군대를 보냈을 때 피렌체가 처하게 된 상황처럼,[85] 앞에서 언급한 이유에 따라 군주는 어느 한 편에 개입되어야 할 것이다.

어떤 정부도 완벽하게 안전한 정책만을 취할 수 있다고 생각해서는 안 된다. 오히려 매우 불확실한 정책을 취해야 된다고 생각될 때도 있는 것이다. 일상사에서 한 문제를 피하려고 하면 반드시 다른 문제에 직면하지 않고는 해결할 수 없다는 것을 알게 되기 때문이다. 신중함이란 문제의 다양성을 구별할 줄을 알아 위해가 적은 것을 선택할 줄 아는 것이다.

군주는 그 자신이 예술의 애호가로서 능력 있는 후원자임을 보여주어야 하고, 모든 예술에 있어 탁월한 자들을 우대할 줄 알아야 한다. 동시에 군주는 상업과 농업, 그리고 모든 다른 분야에 걸쳐 그의 시민들이 편안하게 업무에 종사할 수 있도록 장려해야 한다. 이를 위해 군주는 시민들이 군주나 타인에게 탈취당할까 두려워 재산 증식을 단념하거나 막중한 세금의 부담으로 창업을 포기하지 않도록 해야 한다. 또한 군주는 이러한 일을 추진하는 자들이나, 어떤 방식으로든 그의 도시와 국가의 번영을 위해 계획하는 자들에게 보상을 해야 할 것이다.

또한 일 년 중 적절한 시기에 축제와 볼거리들로 민중을 즐겁게 해주어야 한다. 모든 도시는 직업조합과 사회단체로 나뉘어져 있으

---

85) 교황 율리우스 2세가 프랑스를 적대하여 1512년에 조직한 신성동맹에 피렌체는 중립적 입장을 취했다. 이는 피렌체가 파멸하고 메디치가가 복귀하는 결과를 가져왔다.

므로, 군주는 이런 조직들을 정중히 대해야 하며, 때로는 이들과 친선을 도모하여 예의와 관대함의 정수를 보여주어야 한다. 그럼에도 항상 그의 지위에 걸맞은 품위를 유지시켜 어떤 것에 의해서도 위엄이 손상되는 것을 허용해서는 안 된다.

22

군주의 신하들

★

　대신들을 등용하는 일은 군주에게 매우 중차대한 일이 아닐 수 없으며, 그들은 군주의 안목에 따라 훌륭한 인재일 수도 아닐 수도 있다. 군주와 그의 지적 능력을 가늠하는 척도는 우선적으로 그의 측근에 있는 자들을 관찰하는 것이라 하겠다. 그들이 유능하고 충성스러우면 군주는 항상 현명하다고 인정받을 수 있는 것은, 군주가 유능한 자를 인지할 수 있는 능력과 그들의 지속적인 충성을 유지시키는 법을 알기 때문이다. 그러나 그의 측근들이 그러지 못할 경우에는 군주에 대한 좋은 여론을 형성할 수가 없는데, 이는 군주가 측근들을 잘못 등용함으로써 가장 기본이 되는 잘못을 범했기 때문이다.

안토니오 다 베나프로[86]가 시에나의 군주인 판돌포 페트루치의 대신이었다는 것을 알고 있는 사람이라면, 베나프로를 대신으로 거느리는 판돌포를 매우 영민한 인물이라고 여길 수밖에 없다. 인간의 지적능력을 세 가지로 분류해본다면, 하나는 자기 스스로 이해하는 사람, 다른 하나는 다른 이가 이해한 것을 인식하는 사람, 세 번째는 자기 스스로도, 다른 이의 이해를 보고도 이해하지 못하는 사람이다. 첫째가 가장 탁월한 것이요, 둘째도 우수한 편이지만, 셋째는 유용한 가치가 전혀 없다. 따라서 판돌포가 첫 번째 부류의 인물이 아니라고 하더라도, 두 번째 범주에는 속한다고 보아야 할 것이다. 타인의 언행에 대해 선악을 구별하는 판단력을 가져야 할 때마다 비록 자기 스스로가 주도하지는 못했지만, 그는 그의 대신으로 선악 간의 구별을 할 수 있게 되었고, 옳은 것은 칭찬하고 잘못된 것은 교정할 수 있었기 때문이다. 이런 점에서 그의 대신도 군주에게 기만할 생각을 품지 못하게 되고 정직함으로 섬기게 되는 것이다.

군주가 대신의 자질을 분별할 수 있는, 놓쳐서는 안 될 한 가지 방법이 있다. 대신이 군주보다 자신을 먼저 생각하는 것과 은밀하게 매사에 자신의 이익만을 추구하는 것을 보았다면, 이런 사람은 결코 충성스런 대신이 될 수 없고 군주가 그를 신뢰할 수 없다. 국가의 막

---

86) 안토니오 다 베나프로Antonio da Venafro(1459~1530)는 시에나 대학의 법률학 교수였으나, 판돌포 페트루치에게 고문관으로 기용되어 정치와 외교 분야에서 명성을 떨쳤다.

중한 책무가 그의 수중에 있으므로, 그는 결코 자신의 일을 생각해서는 안 된다. 항상 그의 군주의 일만 생각해야 하며 그의 군주가 관심을 두지 않는 문제들에는 어떤 주의도 기울여서는 안 되기 때문이다.

반면에 군주는 그의 대신이 정직하게 종사하도록 하기 위해 그를 세심하게 살피며, 그에게 명예와 부를 주어 삶을 풍요롭게 해주어야 하며, 친절하게 대하면서 영광과 책임을 함께 나누는 그런 사이가 되어야 한다. 동시에 그로 하여금 군주 없이 혼자서는 존립할 수 없다는 것을 알게 하여, 이미 누리는 많은 영광으로 그가 더 큰 영광도 바라지 않게 하고, 부유한 삶으로 더 많은 부를 원하지 않으며, 그에게 주어진 많은 권한들로 변화를 두려워하도록 해야 한다. 따라서 그들이 서로에게 이와 같은 입장을 취하게 된다면 서로를 신뢰할 수 있게 되겠지만, 그 반대일 경우에는 그들 중 한쪽은 처참한 결과를 맞게 될 것이다.

23

아첨을 어떻게 피할 것인가

　　군주가 매우 신중하고 인물을 고르는 안목이 있지 않는 한, 이로 인해 군주가 보호받지 못하는 위험에 처하기 때문에, 나는 이 주제의 중요한 부문에 대한 논의를 그냥 지나치고 싶지 않다. 이는 조정을 가득 채우고 있는 아첨꾼들에 관한 것이다. 인간은 너무나 자기만족적이고 또 그런 식으로 남에게 기만을 당하는 존재이기 때문에 이러한 해악에서 자신을 지키는 것은 지극히 어렵다. 만약 이러한 것을 극복하고자 노력한다면, 측근자들에게 경멸받게 될 위험도 감수해야 한다. 아첨에서 자신을 지키는 유일한 방법은 군주는 사실을 고하는 것을 불쾌하게 여기지 않는다는 것을 신하들에게 알리는 것이다. 그러나 누구나 격의陽意 없이 군주에게 사실을 고한다면 군주에 대한 존경심은 사라진다.

따라서 현명한 군주는 자신의 나라에서 현인들을 선발하는 제3의 방법을 써야 하는데, 오직 그들만 군주에게 자유로이 사실을 충언忠言할 수 있도록 해야 한다. 이는 단지 군주가 묻는 일에 국한된 것으로 다른 일에는 일체 함구하게 하는 것이다. 그러나 군주는 그들에게 모든 것에 대해 질문하고 그들의 의견을 경청한 후에는 스스로 판단하여 결론을 내려야 한다. 충언하는 자들이 개별적으로나 또 집단적으로나, 더 자유롭게 말할수록 군주가 더 선호하게 될 것이라는 사실을 그들 각각이 알게 되도록 행동해나가야 한다. 군주는 이들 외에 누구의 말도 귀담아듣지 않아야 하고 결정한 것은 반드시 실행에 옮기고 자신의 결정에 흔들림이 없어야 한다. 이렇게 하지 않는 군주는 아첨꾼에 의해 휘둘리거나 여러 의견이 분분해서 결정에 대한 번복이 심하여 결국에는 경멸을 받게 되는 것이다.

이에 대해 최근의 있었던 사례 하나를 제시하겠다. 현재 황제인 막시밀리안[87]의 신하인 루카 신부[88]는 그의 황제에 대해 이렇게 말했다. "황제는 아무에게도 조언을 구하지 않았고, 아무 것도 자신의 뜻대로 처신하지 않았다." 이것은 황제가 위에서 언급한 내용과 정반

---

87) 신성로마제국의 황제 막시밀리안 1세Maximilian I(1459~1519)를 말한다.
88) 가톨릭 사제인 루카 리날디Luca Rinaldi는 막시밀리안 1세가 신임하는 신하였다. 마키아벨리가 사신으로 파견되었을 때 두 번 만났다.

대의 행동을 취해서 일어난 일이다. 황제는 비밀스러운 사람이므로 어느 누구에게도 자신의 계획을 드러내지 않고, 그들의 의견도 받아들이지 않는다. 그러나 그 계획이 실행에 옮겨지게 되어 그의 측근들이 즉시로 반대하게 되면, 황제는 그때서야 순순히 자신의 계획을 바꾼다. 늘 이런 식으로 황제가 조석변개朝夕變改하여, 이에 누구도 황제가 무엇을 바라거나 계획하고 있는지 이해하지 못하며 누구도 황제의 결정을 신뢰할 수 없게 된다.

따라서 군주는 항상 조언에 귀를 기울어야 하며 남이 원할 때가 아니라 다만 자신이 원할 때 들어야 한다. 군주는 오히려 그가 요청한 것이 아니라면 모든 이로 하여금 조언을 못하도록 해야 한다. 하지만 군주는 끊임없이 묻는 사람이 되어야 하고, 그 다음에는 그가 물은 것에 대해 인내심을 가지고 경청해야 한다. 더욱이 어떤 이유에서든 그들이 충언을 고하지 않을 때에는 군주는 분노한다는 것을 보여주어야 한다.

만약 군주가 현명하다는 평을 듣는 것이 군주 자신의 능력이 아니라 그의 측근에 있는 훌륭한 조언자에게서 비롯된 것이라고 생각하는 자들이 있다면, 의심의 여지없이 그들은 잘못된 생각을 하고 있는 것이다. 현명하지 않은 군주가 조언을 받아들일 수 없다는 것은 자명한 이치이기 때문이다. 예외적으로 우연히 군주가 그의 공무를 매우 유능한 자에게 전적으로 일임한 경우가 아니고는, 현명하지 않은 군주는 적절한 조언을 절대 구할 수가 없다. 훌륭한 조언자에게 국정을 맡길 경우 잘 통치할 수는 있겠지만 오래 지속되지는 못할 것이다. 그런 조언자는 멀지 않아 그에게서 나라를 빼앗을 것이기 때문이다.

현명하지 못한 군주가 여러 사람에게 조언을 듣는 경우에 결코 합치合致된 의견을 얻지도 못하고 의견을 합치시키는 법도 알지 못할 것이다. 조언자들은 각자의 이익을 생각하게 될 것이고, 군주는 이들을 통제하는 법이나 이들의 조언을 파악하지도 못할 것이다. 이와 같이 조언자들이 제각기 사리사욕을 추구함으로 인하여, 인간은 강압에 의해서 정직하게 되지 않는 한에는, 군주에게 언제나 진실을 말하지 않을 것이기 때문이다. 따라서 훌륭한 조언은 군주의 현명함에서 나오는 것이지 현명한 조언자에게서 나오는 것이 아니라는 결론을 유추해낼 수 있다.

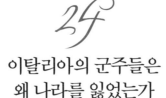

이탈리아의 군주들은
왜 나라를 잃었는가

　미리 언급한 제안들을 신중하게 수행한다면, 신생 군주도 그의 지위가 확고히 선 것처럼 보이고, 단번에 오랫동안 권좌를 지켜온 어느 군주보다 더 안전하고 견고한 나라가 되게 할 수 있다. 새로운 군주의 행동은 세습 군주보다 더 많은 주목을 받기 때문에 그가 능력이 있어 보이게 될 때, 유구한 혈통을 지닌 군주보다 더 많은 민심을 얻게 되며 그에게 훨씬 단단히 결속될 수 있다. 인간은 과거보다는 현재에 더 관심을 갖게 되고, 현재에 만족하여 안주하게 되면 그 이상의 것은 바라지 않기 때문이다. 또한 군주가 다른 일에서 과실을 범하지 않는다면 그들은 신생 군주를 최대한 방어해나갈 것이다. 이에 신생 군주국을 건국하는 데 훌륭한 법률과 강력한 군대와 든든한 동맹과 모범적인 사례로서 나라를 장식하고 강화하게 되면 군주의 영광은 배가 될 것이다. 반면에 군주로 태어나긴 했으나 지혜가 부족하여 나라를 잃게 되면 그의 수치 또한 배가 될 것이다.

오늘날 나폴리의 왕, 밀라노 공작과 그 외 다른 사람들처럼 이탈리아에서 나라를 잃은 군주들에 대해 살펴보자.[89] 앞에서 장황하게 논의한 이유처럼 우선적으로 군사적인 측면에서 공통적인 결함을 발견하게 된다. 그다음으로 이들의 일부는 민중을 적대적으로 또는 우호적으로 만들기도 했지만, 귀족을 안전하게 다루는 법을 알지 못했다는 것을 발견할 것이다. 따라서 이러한 결함이 없다면, 전장에서 강력한 군사력을 보유한 군주는 결코 나라를 잃게 되지는 않는다.

알렉산드로스 대왕의 아버지 필리포스가 아니고, 티투스 퀸크티우스[90]에게 정복당한 마케도니아의 필리포스[91]는 그를 공격했던 로마나 그리스의 광대함에 비교할 만큼 많은 영토를 소유하고 있지는 않았지만 호전적인 사람으로 민중의 지지를 얻어내며 귀족들을 평정하는 법을 알아 여러 해 동안 적들에 대항해서 전쟁을 지속할 수 있었다. 비록 몇 개의 도시를 잃기는 했지만 결국에는 그의 왕국을 지켜낼 수 있게 되었다.

---

89) 나폴리 왕위는 1501년에 프랑스 왕 루이 12세에게 넘어가고, 밀라노 공작 루도비코 스포르차도 1500년에 루이 12세의 군대에 의해 군주의 자리를 잃었다.

90) 티투스 퀸크티우스 플라미니우스Titus Quinctius Flamininus(B.C. 227?~B.C. 174)는 로마 공화정의 정치가로 그리스 총독을 지냈다.

따라서 오랜 기간 지배했던 나라를 잃은 군주들은 운명을 탓할 것이 아니라, 자신들의 무능을 탓해야 한다. 평온한 시기에 그들은 사태가 돌변할 수 있다는 점을 전혀 고려하지 않았고[바다가 잔잔할 시기에는 폭풍에 어떤 대비책도 강구하지 않는 것이 인간의 공통적인 약점이다], 이후 위기에 봉착하면 자신을 방어하기는커녕 도망갈 궁리만 하며, 정복자의 무례함에 혐오감을 느낀 민중이 자신들을 다시 불러줄 것만을 고대했다. 다른 대책이 전무했을 때는 이 방법도 좋을 수 있겠지만, 이를 위해 다른 모든 방법을 강구하지 않는 것은 매우 나쁜 것이다. 후에 자신을 회복시켜줄 누군가를 기대하고 넘어져 있을 수만은 없기 때문이다. 이런 일은 다시 일어나지도 않겠지만 설령 일어난다 해도 군주의 안전을 지킬 수가 없다. 이러한 구원책은 그 자신의 힘에 의한 것이 아니라서 전혀 쓸모가 없기 때문이다. 오직 자신과 자신의 용기에 의지하는 방어책만이 신뢰하고 확실하며 지속될 수 있는 것이다.

---

91) 필리포스 5세는 마케도니아에서 로마와 두 차례의 전쟁(B.C. 215~205, B.C. 200~197)에서 패했으나, 마케도니아에서는 왕권을 지켜냈다.

25

운명과 신은 인간사에
얼마나 영향을 끼치고 있는가

인간 세상의 모든 일은 운명과 신에 의해 지배되고 있기 때문에 인간은 그의 지혜로 이를 지배할 수도 없고 아무도 그들을 도울 수 없을 것이라는 생각을 많은 사람이 해왔으며 지금도 역시 그렇다는 사실을 알고 있다. 이로 인해 이렇게 믿는 이들은 사람들이 세상사에 너무 수고할 필요가 없고, 운명이 지배하도록 맡기는 것이라고 믿도록 했다. 이 견해가 오늘날 더욱 설득력을 얻고 있는 것은, 이는 매일같이 세상 일이 모든 인간이 예측한 이상으로 크게 변화하는 것을 보았고 지금도 계속 보고 있기 때문이다. 가끔씩 이 문제에 대해 숙고해보면, 나도 어느 정도는 이들의 견해에 수긍하게 된다. 그래도 우리의 자유의지가 소멸되지 않는 한, 운명이 우리 행동의 절반을 주재한다 하더라도, 나머지 절반이나 그보다 조금 적게는 여전히 우리에게 결정권이 주어졌다고 보는 것이 옳다고 생각한다.

운명을 거세게 격류激流하는 강에 비유해보면, 강물이 범람하면 평원을 집어삼키며 나무와 건물들을 쓰러뜨리고 이리저리 흙을 옮기며 그 앞에서는 모든 것이 날아가고 모두가 그것의 맹렬함에 굴복되어, 어떤 방법으로도 이를 견뎌낼 수 없게 된다. 하지만 강물의 본성이 그러하다면, 날씨가 맑게 갠 후에 인간이 이에 대한 대비책을 강구하여 제방과 둑을 쌓게 되면, 강물이 다시 불어나도 물은 수로를 따라 흐르게 되어 그 거센 힘은 억제할 수 없는 것도 위험한 것도 아닌 것이 될 것이다. 운명도 이와 마찬가지로 그에 대항할 힘이 없는 곳에서, 자신의 위력을 과시하고 그의 힘을 억제하기 위해 어떠한 대책도 세우지 않은 곳에서, 그 기세를 떨친다.

이러한 격변의 중심지이고 변화가 일어날 수 있는 요인을 안고 있는 이탈리아에 대해 살펴보면, 어떤 방어도 장벽도 없는 개방된 곳이라는 것을 알 수 있을 것이다. 이곳이 독일, 스페인과 프랑스처럼 적절한 힘으로 방어되었더라면, 이러한 침략으로 이미 초래한 만큼의 큰 격변을 겪지 않았거나 아예 그런 변화마저 겪지 않았을 것이다. 이것으로 일반적으로 운명에 대처하는 것에 관해서는 충분히 언급되었다고 생각한다.

하지만 좀 더 특수한 상황으로 국한시켜볼 때에, 오늘날 번영을 누리는 군주도 성향이나 기질의 변화를 보이지 않는데도 다음날에 몰락하는 것을 보게 된다. 나는 이러한 변화의 원인은 이미 앞에서 논의한 이유로 발생한다고 확신한다. 즉, 전적으로 운명에 의존하는 군주는 운명이 변하면 몰락하고 만다는 것이다. 또한 시대정신에 입각한 행동을 하는 군주는 번영할 것이고, 시류에 반하여 행동을 하는 군주는 실패할 것이라 믿는다. 모든 사람은 각기 설정한 목표, 즉 소위 부와 영광을 얻기 위해 다양한 방법으로 시도하기 때문이다. 어떤 이는 신중하게, 어떤 이는 성급하게, 어떤 이는 무력으로, 어떤 이는 기술로, 어떤 이는 인내심으로, 어떤 이는 그와 반대의 방법으로 제각기 서로 다른 방법을 통해 목표에 도달한다. 그런데 신중한 두 사람 가운데 한 사람은 목표를 달성하고, 다른 한 사람은 실패하는 것을 볼 수 있다. 마찬가지로 서로 다른 기질의 사람이, 즉 신중한 자와 성급한 자가 동일하게 성공하는 것을 볼 수도 있다. 결국 이 모든 일은 그들의 방법이 시대정신에 부합하고 있는지 아닌지에 따라 결정이 난다는 것이다. 이미 말한 바와 같이 다른 방식으로 행동한 두 사람이 같은 결과를 얻고, 비슷한 방식으로 행동한 두 사람 중 하나는 목표를 달성하고 하나는 그러지 못하는 결과를 빚어낸다. 또한 이로 인해 승패^{勝敗}와 존망^{存亡}이 판가름되는 것이다. 신중하고 참을성 있게 행동하는 사람이 시대적 상황과 적절하게 서로 마주치면 그는 성공할 것이고 그에게는 행운이 찾아오게 된다. 그러나 시대적 상황이 변하여도, 자신의 행동방식에 변화를 주지 않을 때 그는 몰락의 길을 걷게 될 것이다. 그러나 인간은 항상 시대적 상황에 대처할 만큼 충분히 사려 깊지는 못하다. 인간은 타고난 기질이 이끄는 것에서 일탈하지 못하고, 항상 그런 방식으로 행동하여 성공하게 되면 그 방식에서 벗어나는 것이 좋다고 설득시킬 수도 없기 때문이다. 따라서 신중한 사람이라도 과감해져야 할 시기에 대처할 바를 모른다면 결국에는 파멸하고 만다. 그러나 시대적 상황에 맞춰 그의 행동이 변화하게 되면 운명도 변하지 않을 것이다.

교황 율리우스 2세는 매사에 과감하게 그의 문제를 추진해나갔으나 시대의 흐름과 상황이 그의 행동방침과 맞물리어 항상 성공을 거두었다. 조반니 벤티볼리오 생전에 있었던 교황의 첫 볼로냐 원정(1506년 11월)을 살펴보기로 한다. 베네치아인들은 이 공격에 동조하지 않았고, 스페인 왕도 반대 입장을 표명했고, 프랑스 왕(루이 12세)과는 원정에 대해 계속 협의 중이었다. 그런데도 그는 평소의 과감성과 활력으로 독자적인 원정을 개시했고, 이 진격에 대해 스페인과 베네치아인들은 우유부단하고 소극적인 자세를 취했는데, 후자는 공포 때문이었고,[92] 전자는 나폴리 왕국을 되찾고 싶은 열망에 의한 것이었다. 다른 한편으로는 교황은 프랑스 왕을 자기편으로 끌어들였다. 이 모든 동향을 지켜볼 때에 프랑스 왕은 베네치아인들을 굴복시키기 위해 자신과 동맹을 맺고 싶어 하며, 자신의 제안을 거절할 수 없을 것이라는 사실을 알았기 때문이다. 결국 율리우스 교황은 과감한 행동으로 다른 어느 교황들이 인간의 단순한 지혜를 가지고 할 수 없었던 것을 성취해낼 수 있었다. 다른 교황들이 하는 것처럼 그의 계획이 완성되고 모든 일이 준비될 때까지 로마에서 벗어나지 못하고 기다렸다면 모든 일이 무산되었을 것이다. 프랑스 왕은 그의 행동을 연기시키기 위해 많은 변명으로 일관했을 것이며 다른 세력들도 수많은 경고로 공포심을 자아내게 했을 것이기 때문이다.

교황의 다른 행동들에 관해서는 따로 언급하지 않겠다. 그의 다른 행동들은 모두 비슷하고 좋은 결과를 가져왔으나, 그의 짧은 생애로 인하여 실패를 경험할 기회는 주어지지 않았다. 그러나 만약 신중한 행동이 요구되는 상황이 그에게 발생했다면 그는 파멸했을 것이다. 그는 타고난 기질이 이끄는 방식에서 벗어난 적이 없기 때문이다.

따라서 운명은 변화하고, 인간은 자신의 방식을 고수하려는 경향이 있어 이 둘이 조화를 이루게 되면 그는 번영할 것이고, 그러지 못

---

92) 베네치아 공화국은 1508년 이후 아드리아해 연안과 이오니아 지역의 여러 도시를 잃었다.

할 경우에는 실패할 것이라고 결론을 짓겠다. 나는 신중하게 행동하는 것보다 과감하게 행동하는 것이 낫다고 생각한다. 운명은 마치 여인 같아서, 복종하게 하려면 때리고 가혹하게 다룰 필요가 있으며, 아주 신중하게 행동하는 사람보다는 거칠게 다루는 사람에게 굴복한다. 그러므로 운명은 언제나 여인처럼 젊은 남자를 사랑하는데, 그들은 덜 신중하고 더욱 격렬하며 더 대담한 행동으로 그녀를 장악하기 때문이다.

26

야만족에게서
이탈리아를 해방하기 위한 권고

이제까지 논의했던 주제를 주의 깊게 살펴보면서, 오늘날 이탈리아의 상황이 새로운 군주에게 유리한 국면을 제공하고 있는가, 현명하고 덕망이 있는 군주에게 영광을 부여하고 그의 모든 민중에게 만족할 만한 새로운 질서를 도입할 기회를 줄 수 있는지에 대해 심사숙고해보자. 모든 점에 있어서 새로운 군주에게 유리한 국면을 제공하는 오늘날의 상황보다 적절한 시기는 일찍이 없었다고 생각한다.

이미 말한 바와 같이, 모세의 능력을 드러내기 위해서 이스라엘 민족이 이집트에서 노예가 되었으며, 키루스의 위대함을 나타내기 위해서는 페르시아인들이 메디아인들에게 억압을 받아야 했고, 테세우스의 역량을 보여주기 위해서는 아테네인들이 분산되어 흩어져야만 했다. 현시점에서 이탈리아가 정신적 위대함을 입증하기 위해서는 더 극한 상황에 처할 필요가 있는 것이다. 이에 이탈리아는 히브리인들보다 더 비참한 노예가 되고 페르시아인들보다 더 억압받으며 아테네인들보다 더 분산되어 흩어져야 한다. 지도자도 질서도 없이 두들겨 맞고 약탈당하고 찢기며 침략당하는 온갖 수모를 견뎌야만 한다.

최근 우리의 해방을 위해 신에게 택정된 사람이라 생각되던 어떤 사람[93]이 한때 소망을 보여주었지만, 이후 그의 생애의 절정에 이르는 순간에 운명에 의해 버림을 받고 말았다. 그래서 이탈리아는 생기를 잃어버린 채로 그의 상처를 치유해주고 롬바르디아의 파괴와 약탈과 더불어 나폴리 왕국과 토스카나의 탈취와 과중한 세금에 종지부를 찍으며 오랫동안 곪은 상처를 씻어줄 사람을 기다려야 했다. 또한 이탈리아가 이러한 야만적인 악행과 잔인함에서 해방시켜줄 누군가를 신에게 보내주도록 간청하며 기도하고 있다는 것을 잘 알고 있다. 이는 누군가 깃발을 쳐들고 궐기한다면, 만반의 태세가 갖추어져 기꺼이 그를 따를 열의로 충만해 있다는 것이다.

현재 이탈리아가 희망을 걸 수 있는 곳은 대인의 훌륭한 가문[94]

---

93) 체사레 보르자를 가리킨다.
94) 피렌체의 지배세력인 메디치가를 가리킨다.

을 제외하고는 없다고 본다. 역량과 행운을 겸비했고 신과 현재 가장 권위가 높은 교회의 지지를 받고 있기 때문에 이탈리아를 구원하기에 적합한 지도자가 될 수 있을 것이다.

이미 언급한 인물(모세와 키루스와 테세우스)들의 삶과 행동들을 돌이켜보는 것이 대인에게는 어려운 일이 아닐 것이다. 비록 그들은 위대하고 비범한 인물들이었지만, 그들 역시 인간이었으며 그들 각자는 지금 대인에게 제공된 것처럼 절호의 기회가 주어진 것도 아니며, 그들의 과업이 더 정의롭거나 더 쉬운 것도 아니었고, 그들이 대인보다 더 신의 가호를 받았다고도 할 수 없는 일이다. 필수 불가결한 전쟁은 정당한 것이며 무력 외에는 다른 희망이 없는 경우에는 무력 또한 신성한 것이 되기 때문에 대인에게는 위대한 명분이 있다고 본다. 여기에 대인의 강인한 의지력과 제가 이미 열거한 위인들의 방식을 따르기만 한다면 나라를 중흥시키려는 과업에 큰 어려움이 따르지 않을 것이다. 얼마나 유례없이 하느님이 그의 길을 드러내셨는가! 바다가 갈라지고, 구름이 길을 안내하고, 바위가 생수를 쏟아내며, 만나^{manna95)}가 비처럼 내린 것 같이, 지금의 이 모든 것은 대인의 위대함을 위해 기여하고 있다. 그러나 그 나머지는 대인이 행해야 할 몫이다. 하느님께서 이 모든 일을 다 하시지 않는 것은, 우리에게 부여된 자유의지와 영광을 박탈하는 것이기 때문이다.

---

95) 이집트를 탈출한 이스라엘 민족을 위해서 신이 내려준 음식이다. 『구약성서』의 「출애굽기」 16:11~31 참조.

앞에서 언급했던 이탈리아인 중 어느 누구도 대인의 흘륭한 가문
에 기대하는 것 모두를 성취할 수 없었다고 해도 놀라진 않을 것이
다. 이탈리아에 있었던 수많은 혁명과 수많은 군사적 전략에 있어서
군사력이 부진해 보였다면, 이는 낡은 옛 질서가 더는 유용하지 않았
고, 새로운 질서를 창출해내는 법을 몰랐기 때문에 일어난 것이다.
새로운 군주에게 새로운 법률과 제도를 확립하는 일만큼 그를 명예
롭게 하는 것은 없다. 이러한 것들로 기반을 다지고 위엄을 지닌다면
군주를 숭배하고 칭송받도록 해주며, 또한 이탈리아에서는 이러한
것이 다양한 형태로 활용될 기회가 부족하지는 않다.

이탈리아는 머리는 약해도 다리는 힘이 넘친다.[96] 이탈리아인 개
개인이 결투와 소규모의 전투에서 힘과 재주와 예리함에 있어 얼마
나 우수한가를 살펴보라. 그러나 이들이 군대로 대항할 때에 적의 상
대가 되지 못했는데, 이는 전적으로 지도자의 역량이 부족한데서 기
인된다. 유능한 자들은 명령에 복종하지 않을 뿐만 아니라 그들에 비
해 현격한 차이가 나며 또한 능력과 행운을 겸비하여 모든 이를 복종
시킬 만한 자가 출현하지 않음으로써 각자 자신이 유능하다고 알고
있기 때문이다. 이러한 연유로 지난 20년에 걸친 수많은 전쟁에서 전
적으로 이탈리아인들만으로 이루어진 군대는 항상 패배했다. 이를
증명하는 사례로서 우선 타로의 전투, 그 후 알렉산드리아 전투, 카

---

96) 병사들은 용맹하지만 지도자의 능력은 부족하다는 뜻이다. 여기서 마키아벨리는 시대가 안
고 있는 결함, 즉 '이탈리아에 용맹스런 정신은 남아 있으나 흘륭한 지도자가 없다'는 점을
지적하고 있다.

푸아 전투, 제노바 전투, 바일라 전투, 볼로냐 전투와 메스트리 전투
가 있다.[97]

　따라서 만약 대인의 훌륭한 가문이 그들의 나라를 구원한 위대한
인물들의 행적을 밟고자 한다면, 모든 것 이전에 모든 과업의 진정한
기반으로서 자신의 군대를 양성해야 한다. 이들보다 더 신뢰할 만하
고 진실하며 충성된 군대는 없기 때문이다. 이들이 개별적으로 뛰어
나다고 하지만, 그들의 군주에 의해 지휘를 받으며 명예를 얻으며 군
주의 후한 대우를 받는다면 훨씬 더 훌륭한 군대의 집합체가 될 것이
다. 따라서 이탈리아인의 용맹함으로 외부의 세력을 방어하기 위해
서는 이러한 군대를 양성하는 것이 필요하다.

　또한 스위스와 스페인의 보병은 매우 가공할 만한 위력을 지녔다
고 하지만 이 둘에게도 결점이 있으므로, 이에 제3의 군대를 양성하
여 그들을 저지할 수 있을 뿐 아니라, 그들을 타도하도록 해야 한다.
스페인 군대는 프랑스의 기병을 대항하지 못하고, 스위스 군대는 근
접전에서 스페인 보병과 마주칠 때마다 겁에 질렸다. 따라서 이 모든
것은 이미 보았고, 앞으로도 마찬가지로 전개될 것이다. 스페인 보
병은 프랑스 기병을 막아낼 수 없고, 스위스 보병은 스페인 보병에게
패배하고 말 것이다. 비록 이 후자에 대한 완벽한 증거를 제시할 수
없지만, 스페인 보병이 스위스 보병과 같은 전술을 구사하던 독일군

---

97) 타로 강의 전투(1495)에서 샤를 8세의 군대가 프랑스로 무사히 귀환했으며, 알렉산드리아
　　전투(1499)에서 프랑스인들에게 정복당했으며, 카푸아 전투(1501)로 인해 프랑스인들에 의
　　해 약탈이 행해졌다. 제노바는 1507년에 프랑스에 항복했으며, 볼로냐는 1511년에 프랑스
　　에게 점령당했고, 메스트리는 1513년에 스페인에게 패배를 당했다.

과 교전했던 라벤나 전투(1512년 4월)가 어느 정도 증거가 될 것이다. 스페인 보병은 민첩한 행동과 그들의 방패를 의지하여 독일군의 창 밑으로 깊숙이 들어가 위험을 피하면서 역공세를 취하니, 독일군은 이에 속수무동束手無動으로 당할 수밖에 없었다. 만약 신속한 기병대의 도움이 없었다면 그들은 전멸했을 것이다. 따라서 이 두 보병대의 결점을 알고 있으므로, 새로운 체제로 군대를 조직하여 기병대에 대항할 수 있고 보병대를 두려워하지 않도록 할 수가 있다. 이는 반드시 새로운 군대를 창설할 필요가 있다는 것이 아니라 다만 기존의 군대를 이에 맞게 변형을 시키는 것이다. 이와 같은 개선책들은 새로운 군주에게 명성과 권위를 안겨줄 것이다.

이탈리아가 마침내 자신이 고대하던 구원자를 만난 이 기회를 결코 놓치지 말아야 한다. 야만족으로 인해 수많은 고통에 시달렸던 그 모든 지방에서 그 구원자가 받을 사랑과 복수에 대한 갈망과 굳센 믿음과 헌신과 눈물은 가히 한마디로 설명될 수 없다. 어떠한 문이 그를 향해 닫힐 수 있겠는가? 어느 누가 그에게 복종을 거부할 수 있겠는가? 어느 질투심이 그를 저해할 수 있겠는가? 어느 이탈리아인이 그에 대한 경의를 포기할 수 있겠는가? 우리 모두에게 야만족의 잔혹한 폭정은 견딜 수 없는 악취를 품어대고 있다. 그러나 대인의 훌륭한 가문에서 이 임무를 수락하여 용기와 희망으로 이 정당한 원정

기획을 착수함으로써 대인의 깃발 아래 우리의 조국의 품위가 드높여질 것이며, 대인의 지휘 아래 페트라르카가 읊었던 시구[詩句]가 실제로 입증될 수 있을 것이다.

흉포에 대항한 용맹이 전장을 누비니
전투는 순식간에 평정되었다
옛 로마의 용맹이 여전히 살아남아
이탈리아인의 가슴속에 자리 잡았네.[98]

---

98) 마키아벨리가 평소에 애송하던 페트라르카의 시. 당시 이탈리아의 상황을 대변하고 있다.

군주론

초판 1쇄 2018년 6월 5일 펴냄
초판 2쇄 2019년 1월 14일 펴냄

지은이 | 니콜로 마키아벨리
옮긴이 | 쌔라 강
해제 | 박홍규

펴낸이 | 강준우
기획·편집 | 박상문, 김소현, 박효주, 김환표
디자인 | 최원영
마케팅 | 이태준
관리 | 최수향
인쇄·제본 | 제일프린테크

펴낸곳 | 인물과사상사
출판등록 | 제17-204호 1998년 3월 11일
주소 | 04037 서울시 마포구 양화로7길 4(서교동) 2층
전화 | 02-325-6364
팩스 | 02-474-1413
www.inmul.co.kr | insa@inmul.co.kr

ISBN 978-89-5906-501-1 03340
값 10,000원

이 도서의 국립중앙도서관 출판예정도서목록(CIP)은 서지정보유통지원시스템 홈페이지
(http://seoji.nl.go.kr)와 국가자료공동목록시스템(http://www.nl.go.kr/kolisnet)에서
이용하실 수 있습니다. (CIP제어번호: CIP2018015369)